Gedankenformen

von Anne Givaudan
in Zusammenarbeit mit Dr. A. Achram

Gedankenformen
und ihre Auswirkungen

Übersetzt von Helga Schenk

Edizioni AMRITA

//////////////////// SILBERSCHNUR ////////////////////

Edizioni AMRITA

Wir freuen uns, Ihnen die Zusammenarbeit zwischen dem Verlag Silberschnur und dem italienischen Verlagshaus Amrita in Form gemeinsamer Veröffentlichungen bekanntgeben zu können. Die beiden Verlage vereinen mit dieser Aktion ihre zwanzigjährige Erfahrung sowie ihre gemeinsame Leidenschaft für gute Bücher in der Absicht, deutschen Lesern Gelegenheit zu bieten, in Kontakt mit außergewöhnlichen Autoren zu kommen – und zwar nicht nur über ihre Werke, sondern auch über Treffen, Konferenzen und Ausbildungsseminare.

Originalausgabe © 1996 Editions S.O.I.S., Plazac, France:
"Formes-Pensées, decouvrir et comprendre leurs influences sur notre santé et sur notre vie".

Deutschsprachige Ausgabe © 2004 Edizioni AMRITA s.r.l., Torino, Italien

ISBN 978-3-89845-237-3

1. Auflage 2008 Silberschnur Verlag
2. Auflage 2009

Druck: Finidr, s.r.o. Cesky Tesin

Verlag "Die Silberschnur" GmbH
Steinstraße 1 · D-56593 Güllesheim
www.silberschnur.de
E-Mail: info@silberschnur.de

AN UNSERE LESER

Die von uns veröffentlichten Bücher sind unser Beitrag zu einer neu entstehenden Welt, die mehr auf Zusammenarbeit als auf Konkurrenz beruht, mehr auf der Wertschätzung des menschlichen Geistes als auf Selbstzweifeln, vor allem aber auf der Überzeugung, dass zwischen allen Menschen eine Verbindung besteht. Unser Ziel ist es, das Leben möglichst vieler Menschen mit der Botschaft von Hoffnung auf eine bessere Welt zu erreichen.

In unseren Büchern stecken viele Stunden sorgfältiger Arbeit und eingehender Forschungen: von der Auswahl des zu publizierenden Materials (durchgeführt von speziellen Lesegruppen) bis hin zur gewissenhaften Übersetzung und den gründlichen, oft langwierigen Recherchen der Redaktion.

Wir würden uns wünschen, dass die Leser sich dessen bewusst sind, um somit über den Inhalt des Buches hinaus auch die Liebe und Hingabe, die zu seiner Entstehung beigetragen haben, auskosten zu können.

Die Herausgeber

Für alle, die akzeptieren, ihre Rolle, die sie im Leben haben, so gut wie möglich zu erfüllen.
Für alle, die wissen, dass es weder Sieger noch Besiegte gibt, weder Peiniger noch Opfer.
Für alle, die leben und nicht nur überleben wollen.
Für alle, die nicht begreifen, warum das Leben so schwer sein soll.
Für alle, die den Mut haben, ihre eigenen Wunden anzusehen, ohne sich abzuwenden.

INHALT

Vorwort... 1

Einführung.. 3

Kap. I – Das Murmeln.. 5

Kap. II – Die Entstehung einer Gedankenform................. 9

Kap. III – Gedankenformen und körperliche Krankheiten.............. 21

Kap. IV – Gedankenformen und vergiftete Narben......... 31

Kap. V – Gedankenformen und Nadis.............................. 37

Kap. VI – Gedankenformen und Egregore........................ 45

Kap. VII – Gedankenformen und Verantwortung............. 57

Kap. VIII – Gedankenformen und Krankheits-Egregore.............. 61

Kap. IX – Gedankenformen und frühere Leben................ 67

Kap. X – Sind wir unsere Gedankenformen?................... 77

Kap. XI – Gedankenformen und Zellgedächtnis............... 83

Kap. XII – Einfluss einer Gedankenform auf unsere
         Vitalität und Lebenskraft...................................... 89

Kap. XIII – Gedankenformen und morphogenetische Felder.......... 95

Kap. XIV – Gedankenformen und Abtreibung.................. 99

Kap. XV – Gedankenformen und Genetik 105

Kap. XVI – Gedankenformen und Familiengeheimnisse.................113

Kap. XVII – Parasitäre Gedankenformen 123

Kap. XVIII – Gedankenformen und Tiere 129

Kap. XIX – Widersprüchliche Gedankenformen 133

Kap. XX – Gedankenformen der Rache..143

Kap. XXI – Gedankenformen des Lichts 151

Kap. XXII – Gedankenformen und unsere Erde:
              Kriege, Naturkatastrophen… 161

Kap. XXIII – Gedankenformen und Manipulationen.....................169

Kap. XXIV – Aus der Sicht des Arztes 179

Zusammenfassung 189

Vorwort

Warum und für wen sollte man ein Buch über ein so spezielles Thema wie die Gedankenformen schreiben wollen?

Wir treffen und helfen seit Jahren Personen, die seelisch und körperlich unter dem Einfluss von sperrigen und destruktiven Gedankenformen zu leiden haben.

Diese Personen haben nichts Besonderes, außer dass sie der "alltägliche Schatten" fest im Griff hat und bestimmte, immer wiederkehrende Faktoren ihnen das Vorankommen auf ihrem Weg erschweren. Sie sind genau wie wir auch, und wir können uns jederzeit mit ihnen identifizieren.

Dank unserer Kontakte und der sowohl auf der physischen als auch auf der feinstofflichen Ebene erhaltenen Unterweisungen konnten wir uns folgender Tatsache Jahr für Jahr immer deutlicher bewusst werden: **Wenn wir begreifen, wie eine Gedankenform funktioniert, wie sie entsteht und wie sie wirkt, wird sie auf uns einen deutlich geringeren Einfluss haben.**

Wenn wir uns bewusst werden, dass wir nicht unsere Gedankenformen sind, aber trotzdem wie Eltern zu ihrem Entstehen beitragen, beginnen sich sofort die alten Muster aufzulösen. Wenn wir begreifen, dass wir unsere eigenen Geschöpfe nicht verleugnen, sie jedoch beobachten, verstehen und schließlich loslassen können, fühlen wir uns wie von einem frischen Wind, einer neuen Freiheit erfüllt.

Das Erkennen der Gedankenformen, die uns zu ersticken drohen und bestimmte Ereignisse in unser Leben ziehen, ist ein unumgänglicher Schritt auf dem Weg ihrer Verwandlung. Es ist ein Schritt in Richtung einer neuen und totalen Freiheit, der jedoch nicht ohne unsere Mithilfe getan werden kann. In der heutigen Zeit ist es von entscheidender Bedeutung, endlich den Übergang in eine andere Lebensphase zu schaffen. Und wir alle können das schaffen, was in diesem ersten Buch zu diesem Thema vorgeschlagen wird: die Identifizierung mit unseren Gedankenformen aufgeben, sie verstehen, beobachten und schließlich verwandeln.

Wir wünschen Ihnen eine anregende Lektüre, wissen jedoch bereits, dass schon allein das Lesen der folgenden Seiten seine Wirkung tun und die Verwandlung der Gedankenformen, die jeder von uns mit sich herumträgt, in Gang setzen wird.

Anne Givaudan und Antoine Achram

Einführung

"Die letzte Wahrheit, der Motor jeden Fort-
schritts, besteht im Erkennen, dass nichts
außerhalb von uns sein kann, da wir alles in
uns tragen, sogar das Sternenzelt, zu dem wir
jeden Abend bewundernd aufschauen."
(Anne und Daniel Meurois-Givaudan,
Die Reise nach Shambhala)

Als Therapeutin, die sowohl mit den feinstofflichen als auch mit den physischen Ebenen arbeitet, habe ich mich oft gefragt, wie ich für meine Leser die mehr oder weniger dichten Gedankenformen, die um jeden von uns herumschweben und sich an verschiedenen Stellen unseres Körpers festsetzen, fassbarer und konkreter machen könnte.

In jedem Fall, den ich überprüft habe, sind mir diese bisweilen geometrischen Figuren, die wir "Gedankenformen" nennen, am Anfang immer wie physische oder psychische Hindernisse vorgekommen, die unseren Weg versperren und unser Vorankommen verlangsamen.

Das Verständnis der Gedankenformen und ihre anschließende Transformation scheint mir heute eine der Grundvoraussetzungen für ein tiefes Wohlbefinden zu sein, aber auch ein unerlässliches Element für die Befreiung von unnötigen Erinnerungen, die wir ständig mit uns herumschleppen, bis unsere besten Kräfte davon aufgezehrt werden.

Es ist heutzutage eine erwiesene Tatsache, dass unsere Denkweise unseren Gesundheitszustand beeinflusst. Deshalb werde ich in diesem Buch darauf nicht mehr näher eingehen.

Denn tatsächlich handelt es sich bei den Gedankenformen nicht um einfache Gedanken. Das ist genau der Unterschied.

Wenn wir uns dieser Bürden, die wir von einer Lebensphase in die nächste, wenn nicht sogar von einem Leben ins nächste, mit uns herumschleppen, bewusst werden und wissen, wie sie entstehen, funktionieren und wirken, ist das, als bekämen wir den wertvollsten aller Schätze geschenkt: die Freiheit, das zu sein, was wir schon immer sind: Lichtwesen, die das Leben auf zugleich einzigartige und vielfältige Art erleben.

Die Forschung, die wir hier betreiben werden, kann nicht als "psychologisch" definiert werden. Und ich werde auch keine Begriffe und Bezeichnungen benutzen, die ich nicht kenne und die nichts mit meiner Ausbildung zu tun haben.

Als Ausgangsbasis dient mir für dieses Werk dieselbe, die ich seit 1971 schon für alle meine anderen Arbeiten benutzt habe: die Technik der Astralreisen und das Erkennen der feinstofflichen Ebenen. Wie bei all meinen anderen Erfahrungen hat es mir gerade dieser Ansatz erlaubt, in den innersten Kern der Gedankenformen vorzudringen, was mir heute die Möglichkeit gibt, Ihnen das Ergebnis dieser äußerst ungewöhnlichen Vorgehensweise vorzulegen.

Ich wünsche Ihnen allen, dass Sie aus diesem Buch das herausziehen mögen, was Ihnen dazu dient, eine Autonomie und Freiheit des Seins wiederzuerlangen, die heute so oft zu fehlen scheint, ohne die es jedoch schwierig ist, sich eine heitere und strahlende Zukunft vorzustellen.

Die angeführten Übungen und Techniken sind einfach und für all diejenigen gedacht, die ihre Waffen gestreckt haben, weil sie tief im Herzen wissen, dass nur die Kraft der Liebe auflösen kann, was uns behindert.

Es ist nicht meine Absicht, irgendetwas zu ändern. Es geht vielmehr um einen Appell an etwas, das die Veränderung selbst übersteigt, das den Willen, den Wunsch und sogar die inkarnierte Persönlichkeit übersteigt. Etwas, das nur die Liebe erreichen kann: **die Verwandlung**.

Die Verwandlung wird es sein, die es uns ermöglicht, dass die Heilung erfolgt. Und durch diese Verwandlung (d. h. allein schon durch ihr Stattfinden) wird es außerdem möglich sein, mit allen Ebenen unseres Seins sowie mit den unzähligen Ebenen des Universums und den darin enthaltenen Dimensionen Verbindung aufzunehmen.

KAPITEL I

Das Murmeln

Ein Kongress in den Tropen! Was für eine Superidee! Flugzeug, Jetlag, feuchtheißes Klima und üppige Vegetation, schon sind wir da … Und in diesem Reich der Feen, diesem tropischen Garten werde ich einen Vortrag über "Das Volk der Tiere"* halten. Schnell bricht die Nacht mit ihren besonderen Geräuschen herein, die sich zu einem Krötenkonzert verdichten. Ich halte kurz neben einer Voliere inne, in der die bunten Vögel, wenn auch nur noch für kurze Zeit, in ihrem goldenen Käfig aktiv sind, bevor die Nacht auch diesen kleinen geschwätzigen Wesen Ruhe, Frieden und Träume von unendlichen Horizonten bringt.

Meine Pause dehnt sich aus. Gleich bin ich mit meiner Rede an der Reihe, und so bleibe ich stehen, um ein bisschen über das Thema des Vortrags zu meditieren. Da höre ich plötzlich im Grunde meines Herzens eine zarte Stimme, die einem Murmeln gleicht:

"Auch wir stehen unter dem Einfluss unserer Gedankenformen, sogar die Erde wird davon beeinflusst … Such weiter … Such weiter …"

Die letzten Worte sind fast nicht mehr hörbar, und was danach kommt, bekomme ich nicht mehr mit, vorausgesetzt, dass es ein Danach gibt. Und wer redet da eigentlich mit mir?

Ich sehe mich aufmerksam um: Da ist niemand. Die Vögel in der Voliere scheinen jetzt zu schlafen, nur eine Amsel nicht weit von mir sitzt zusammengekauert auf einem Ast und schaut zu mir her, den Kopf leicht zur Seite geneigt.

Jetzt ist der Zeitpunkt für meinen Vortrag gekommen, also hebe ich mir alle offenen Fragen für später auf. Doch dann gibt es

---

* Anne und Daniel Meurois-Givaudan, *Im Reich der Tiere*, Zweitausendeins, Frankfurt am Main 1996.

wieder so viel zu tun, dass ich diesen Zwischenfall für ein paar
Tage vergesse, bis ein unerwartetes Ereignis ihn mir wieder ins
Gedächtnis ruft.

Ich stehe auf der Terrasse eines Hauses von Freunden, und
es ist Abend, die Sonne sendet ihre letzten Sonnenstrahlen über
die Welt. Wir quatschen über dies und das, als ein Hund mit
gelblichem Fell und traurigem Gesichtsausdruck plötzlich
meine Aufmerksamkeit auf sich zieht. Er ist hinter dem Gar-
tentor und sieht uns intensiv an. Das Geräusch der Unter-
haltung, das Stimmengewirr dringt jetzt nur noch wie durch
Watte an mein Ohr. Ich bin nicht mehr dort, und einen Sekundenbruchteil lang nehme ich um den kleinen gelben Hund
herum Formen, graue, traurige Massen wahr, die um ihn herumschweben und an seiner Wirbelsäule hängen bleiben. Es gelingt
mir nicht, in diese glitschigen Massen einzudringen. Es scheint,
als hätten sie Gummiwände, die mich zurückwerfen. Sie haben
alle etwas gemein, eine Art trauriges Lied, und übermitteln mir
eine flüchtige Szene: Eine Gruppe von Hunden, die dem Hund
ähnlich sehen, den ich vor mir habe, in einem Käfig zusam-
mengezwängt sind und voller Angst etwas zu erwarten scheinen. Dann ist da ein Zimmer mit weißen, kalten Tischen und
der tote Körper eines Hundes ... Alles riecht nach Labor und
nach Versuchen.

Das ist es, was an dem kleinen Hund hängen geblieben ist, der
mich da anschaut. Ich habe den Egregor der Angst und des
Leidens der Hunde seiner Rasse aufgefangen, die zu Labor-
versuchen benutzt werden.

Der kleine Hund verweigert zum jetzigen Zeitpunkt jegliche
Art von Kommunikation. Die Menschen machen ihm Angst. Jede
Art von Eingriff würde ihn im Moment noch mehr erschrecken.
Deshalb beschließe ich, ihn nicht weiter zu bedrängen. Außerdem
wurde ich gerade zum Abendessen gerufen.

Meine offene Frage wird dringlicher ... Wie können wir uns
die Gedankenformen, die jegliche Form autonomen Lebens
befallen, ins Bewusstsein rufen? Tief in meinem Innersten weiß
ich mit absoluter Gewissheit, dass die Dinge, wenn sie sichtbar
werden, etwas von ihrem schädlichen Einfluss verlieren. Wenn
wir sie kennen, werden sie durchlässiger, weniger feindselig, weil
sie verständlicher werden.

Ich rede sofort mit meinem Partner darüber, der ebenfalls Therapeut ist und weiß, in welchem Maße diese seltsamen Formen, die um uns herumschweben, Disharmonien sowohl auf physischer als auch auf allen anderen Ebenen unserer Existenz verursachen können.

Während ich noch auf der Suche nach einem Anhaltspunkt bin, der mir bei meinem Versuch helfen könnte, fällt mir der Ausspruch eines unserer essenischen Meister ein:

"Jedes Lebewesen ist der Baumeister seiner gegenwärtigen und zukünftigen Tempel und ist es auch für jene der Vergangenheit gewesen."

Es liegt also an uns zu entscheiden, was wir wirklich wollen. Was wollen wir aus unserem Leben machen? Ein Geschenk des Lichts – oder nur die Illusion eines Geschenks?

KAPITEL II

Die Entstehung einer Gedankenform

*"Wenn du dein Selbst nicht lieben kannst,
kannst du auch die anderen nicht lieben. Viele
machen den Fehler, die Liebe für sich selbst
über die Liebe der anderen zu suchen."*
(Neale D. Walsch: Un temps pour Soi)

In Büchern über Gedankenformen ist es Mode geworden, über *Chakren* und Einklang zu reden, ohne jedoch genau zu definieren, was mit diesen Begriffen gemeint ist.

Mir scheint es daher logisch, dass Sie gerne wissen möchten, worüber auf den nächsten Seiten und Kapiteln genau die Rede ist. Deshalb erlaube ich mir an dieser Stelle, einige der wichtigsten Begriffe im Zusammenhang mit den feinstofflichen Ebenen noch einmal kurz zusammenzufassen und zu erläutern:

- Die wichtigsten Energiezentren, die sog. Chakren, befinden sich an der Stelle, an der sich mehrere *Nadis** kreuzen.
- Die Nadis (abgeleitet von dem Sanskritwort *nad*, was so viel wie "fließen" bedeutet) sind die feinstoffliche Entsprechung unserer Venen, d. h. Energiekanäle, durch die die zu den Chakren hin- und wegfließende Information strömt. In den Nadis fließt außerdem die Lebensenergie oder das *Prana*.
- Das Prana setzt sich aus winzig kleinen Teilchen zusammen, die unsichtbar sind und über die die Zellen mit der Lebensessenz versorgt werden.
- *Chakra* ist ein Sanskritwort, das "Rad" oder "Wirbel" bedeutet. Diese Zentren haben über die Aufnahme der Energie, in

---

* Nähere Einzelheiten dazu finden Sie auch in: Anne Givaudan, *Auralesen und alte Therapien der Essener*, Silberschnur Verlag 2007.

die wir alle eingetaucht sind, einen direkten Einfluss auf das
einwandfreie Funktionieren unserer Organe, die Hormon-
aktivität und den Blutkreislauf. Sie dienen gleichzeitig als
Sendeempfänger, Transformator und Filter für die Informationen, die durch alle Ebenen, von den feinstofflichsten bis zu
den materiellsten, übertragen werden.

Wie entsteht eine Gedankenform
auf der feinstofflichen Ebene,
bevor sie sich auf der körperlichen Ebene manifestiert?

Für die Entstehung einer Gedankenform ist die Beteiligung
von zwei Energiezentren nötig.

Eines dieser Energiezentren, das Stirnchakra, ist immer beteiligt, da es in der Lage ist, Bilder zu erschaffen, sich abstrakte Ziele
vorzustellen, Worten Gestalt zu verleihen. Es ist das kreative
Energiezentrum unserer Gedanken und ihrer Materialisierung
auf den feinstofflichen Ebenen schlechthin. Wenn das Chakra
ausgeglichen ist, sind seine Schöpfungen klar und unverzerrt. Ist
es hingegen nicht ausgeglichen, sind die Bilder unklar sowie ver-
wirrend und damit destabilisierend.

Welches zweite Energiezentrum an der Entstehung einer Gedankenform beteiligt ist, hängt vom Ursprung der Erschaffung
der Gedankenform ab, d. h. es können unterschiedliche Energiezentren aktiv werden, je nach dem Bild, der Vorstellung oder
dem Verständnis eines bestimmten Ereignisses. Wenn es sich
beispielsweise um eine starke Emotion handelt, wird das dritte
Chakra aktiviert. Wenn es nötig ist, dass der Verstand oder die
Vernunft mit hereinspielen, wird das fünfte Chakra seine ganze
Energie freisetzen. Wenn es sich um ein Problem handelt, bei
dem es ums Überleben oder um tierische Instinkte oder Triebe
geht, wird das zweite Chakra zur Aktivierung einer Gedankenform beitragen.

Vielleicht haben Sie ganz richtig bemerkt, dass bei dieser
Aufzählung ein wesentliches Chakra ausgelassen wurde. Und
genau so ist es auch: *Das Herzchakra ist im Moment noch nicht
an diesem automatischen Vorgang beteiligt.* Der Grund dafür ist
ganz einfach: Es ist bei den meisten von uns noch nicht aktiv
genug. Es ist das Energiezentrum der Liebe, was natürlich nicht

heißen soll, dass die Liebe an einem bestimmten Ort angesiedelt ist, sondern nur, dass eine der Hauptaufgaben dieses Energiezentrums darin besteht, als Brücke zwischen den unteren und den oberen Chakren zu fungieren. Es ist das zentrale Chakra, der Übergangsort zwischen dem Unten und dem Oben, zwischen dem Mehr und dem Weniger. Dadurch kommt in ihm das Schönste von uns zum Ausdruck, der einzige mögliche Weg der Verwandlung: die Alchemie der Liebe.

Für mich ist es heute offensichtlich, dass alles miteinander verbunden ist und dass wir mit allem verbunden sind. Beim Schreiben dieser Worte fällt mir eine entscheidende Erfahrung in meinem Leben als Astralreisende (Reisende außerhalb meines Körpers) ein.

An jenem Abend befand ich mich, wie es öfter bei mir passiert, außerhalb meines Körpers und wartete auf Hinweise, wohin meine Reise dieses Mal gehen sollte. Mein physischer Körper, der noch unter mir sichtbar war, ruhte ruhig wie eine leere Hülle. Da ich an diesen Anblick gewöhnt bin, betrachtete ich ihn auf keine besondere Weise, als ich plötzlich spürte, wie sich eine Hand auf die Schulter meines feinstofflichen Körpers legte.

Ich wollte mich gerade herumdrehen, um nachzusehen, welche Wesenheit mich da berührte, als ich zu meiner großen Überraschung bemerkte, dass ich unfähig war, auch nur die kleinste Bewegung zu machen. Die Präsenz war lähmend, ohne dass dies meine Heiterkeit im Geringsten zu beeinträchtigen schien. In mir und um mich herum war alles ganz ruhig.

Ohne ein Wort verlauten zu lassen, zog mich diese Hand mit einer Geschwindigkeit, die mir wahnsinnig schnell vorkam, wie ein Magnet in einen Wirbel aus Licht hinein. Ich blieb aufmerksam und akzeptierte vertrauensvoll alles, was da kommen würde. Nach einer gewissen Zeit, die ich nicht hätte abschätzen können, konnte ich immer klarer die Umrisse einer Kugel unterscheiden, die sich über mir drehte. Da konnte ich mich nicht mehr länger zurückhalten und rief aus: "Aber ist das nicht ... die Erde?"

Immer noch spürte ich den Druck der Hand, wenn auch weniger fest, als mich eine wohltönende Stimme erfüllte, in der ich eine vergnügte Note auszumachen glaubte:

"Zu wissen, wer ich bin, würde dir auf keine Weise weiterhelfen. Beobachte stattdessen die Erde, denn darum geht es.

Siehst du ihre Chakren und ihre Nadis? Lasse zu, dass ihre Energie sich dir zeigt, genauso wie du es bei den Personen machst, deren Aura du liest..."

Ich achtete aufmerksam darauf, was mir gesagt wurde, und begnügte mich ansonsten damit, mich für die Energie der Erde zur Verfügung zu halten, ohne irgendeinen anderen Wunsch, als sie willkommen zu heißen und zu lieben. Genau in jenem Moment erschienen mir in einem Sekundenbruchteil die Chakren und die Nadis des blauen Planeten. Ganz eingenommen von diesem kosmischen Anblick, versuchte ich den Kontakt zu verlängern, als mich die Hand schon wieder in denselben Wirbel wie zuvor hineinzog.

"Wir werden später noch einmal hierher zurückkommen", sagte die wohltönende Stimme. "Für den Moment muss nicht mehr dazu gesagt werden. Wichtig ist nur, dass du begreifst, dass die Erde und der Mensch so eng miteinander verbunden sind, dass sie die Evolution ihrer jeweiligen Chakren beeinflussen. Die Wesen des Planeten Erde sind kurz davor, in einen Herzzustand einzutreten, der ihnen den Weg zu der vierten Dimension öffnen wird. Das ist eine Gelegenheit, die sich dem Menschen schon zweimal vorher in der Entwicklungsgeschichte der Menschheit geboten hat. Aber umsonst. Jetzt ist es das dritte Mal ... Die Erdbewohner bekommen eine neue Gelegenheit, damit Wachstum stattfinden kann.

In eine neue Dimension überzugehen bedeutet, dass die Begriffe von Raum und Zeit beträchtlich erweitert werden und dass euer gegenwärtiges Denkmuster die Tür zu einem neuen Verständnis und damit zu einer sehr viel umfangreicheren und einfacheren Realität aufstoßen wird. Wenn die Menschen auf der Erde tief in ihrem Innern bis in die Zellen hinein verstanden haben werden, was Raum und Zeit wirklich bedeuten, wenn die Beschränkungen sich aufgelöst haben werden, dann werden die Reisen, seien es nun äußere oder innere, in jedem Wesen dieses Planeten einen Zugang zum Sein wiedererwecken. Dann wird sich die Illusion eines Innen und eines Außen, einer Vergangenheit und einer Zukunft auflösen, weil sie dann letztendlich 'ihren Zweck erfüllt hat'. Auch der Wortgebrauch wird sich dann ändern, und das Wort 'erfüllt', das ich eben benutzt habe, wird keinen Sinn mehr machen.

Wenn das Herz der Menschen auf dieser Erde endlich den Platz einnimmt, der ihm zusteht, oder wenn das Herzchakra, um eure Termini zu benutzen, sich öffnen wird, wird das ein großer Moment für das gesamte Sonnensystem sein. Das bedeutet, dass der Mensch dann alles über das Athanor des Herzens begreifen wird, anstatt über die Emotionen, die er immer noch 'Liebe' nennt.

Es ist heute von entscheidender Bedeutung, zu einem neuen Licht aufzubrechen und das, was für eine gewisse Zeit die Wesen der Erde geformt und beeinflusst hat, hinter uns zu lassen. 'Hinter uns lassen' heißt weder kämpfen noch verleugnen, zwei Begriffe, die auf Aktionen hinweisen, durch die das dritte Chakra auf Kosten der Öffnung des vierten gestärkt würde. Ist es denn so schwierig, das bisherige Leben aufzugeben, ohne notgedrungen gegen es anzukämpfen? Es ist Zeit, dass ihr diesen Schritt macht. Der Dualismus ist eine Dimension, die das Herz nicht kennt. Er ist noch Teil eines Bewusstseinsraums, der heute keinen Sinn mehr macht.

Ihr seid am Punkt der Nimmerwiederkehr, des Nichtverurteilens angekommen. Ihr seid derjenige, der nicht entscheidet, was laut der extremen Illusion des Intellekts gut oder böse ist, ihr seid derjenige, der sich jenseits davon bewegt, der Verwandler, die strahlende Brücke zwischen Himmel und Erde, zwischen dem Oben und dem Unten, dem Punkt der Nimmerwiederkehr, der Liebe. Seid einfach!"

In meinem Lichtkörper erlosch die Stimme, aber was zurückblieb, war eine von Frieden erfüllte Stille, die meine Seele mehr nährte als tausend Reden.

Durch diese Erfahrung konnte ich tief in meinem Innern erleben, wie wichtig es heute ist, uns von den Gedankenformen unserer alten Muster zu befreien, wenn wir zur Dimension des Herzens übergehen wollen, die die Erde und ihre Menschen erwartet. Denn es ist wenig wahrscheinlich, dass wir die Türen zu einer anderen Dimension aufstoßen können, solange wir die Überreste der alten Welt mit uns herumtragen. Wie könnte es möglich sein, zu neuen Horizonten vorzustoßen, wenn wir immer noch Koffer voller Reaktionen herumschleppen, die ewig weit von Aktionen entfernt sind und die uns an eine Vergangenheit binden, die eigentlich keine Rolle mehr spielen dürfte?

Warum drehen wir uns weiterhin im Kreis, um uns selbst herum, wenn wir alle nichts sehnlicher anstreben, als von einem neuen Atem erfüllt zu sein?

Schatten in Licht verwandeln, um der Liebe willen: Das ist der Punkt, um den es hier geht und der ansteht, und dafür müssen wir bestimmt nicht darauf warten, perfekt zu sein. Es reicht, wenn wir schrittweise vorgehen. Und zu Anfang müssen wir erst einmal begreifen, was uns bremst. Deshalb liegt mir daran, dass Sie der Entstehung einer Gedankenform beiwohnen.

Georges

Georges war wegen seiner Ischiasprobleme zu mir gekommen, die einfach nichts zum Verschwinden bringen und nicht einmal lindern konnte. Nun war er schon drei Monate bettlägerig, ohne dass die Spritzen oder die Medikamente, die er einnahm, diese Beschwerden in irgendeiner Weise hätten beeinflussen können. Er konnte sich nur mit großen Schwierigkeiten bewegen, und ein Freund hatte ihn zu mir gebracht.

Ich beobachtete und wartete ab, bis die feinstofflichen Körper von Georges mich durchdrangen. Nicht ich bin es, die entscheidet, und ich werde auch nicht vom Willen beseelt, die Karte seiner Seele zu entschlüsseln. Nur die Liebe ist in der Lage, dafür zu sorgen, dass wir mit dem anderen verschmelzen und dann wahrnehmen können, was der andere sagen will. Sonst wäre es nur ein Machtspiel oder ein Zaubertrick, die mich in keinster Weise interessieren würden. Der physische Körper und die feinstofflichen Körper können nie wie zu reparierende Computer angesehen werden, wenn wir nicht an der Oberfläche des Wesens haltmachen wollen. "Kommunion" ist das einzige Wort, das mir in den Sinn kommt, um diesen Seinszustand auszudrücken, der jeder Sitzung mit Auralesen und allen Therapien vorausgeht. Und deshalb sind keine Worte nötig.

Um Georges tanzten Farben und Formen herum, von denen eine meine Aufmerksamkeit erregte. Sie war gelblich grau, unförmig und war von rosaroten Fäden durchzogen. Ich erkannte einen ersten Faden, über den sie mit der linken Hüfte verbunden war, und einen zweiten, der beim Halschakra begann. Der ganze Bereich um das Chakra war von einem grauen Schatten umgeben, der sich bewegte. Die Gedankenform, die meine ganze Aufmerksamkeit auf sich zog, befand sich an der Grenze zur kausalen Aura, was mich an ein affektives Ereignis denken ließ, das möglicherweise zeitlich um die Geburt von Georges herum stattgefunden und ihn mit seiner schmerzlichen Prägung bis heute gezeichnet haben musste.

Ich ließ mich ganz hineinfallen und drang in diese "unförmige Form" ein, die Traurigkeit und Unsicherheit ausstrahlte.

Nach und nach zeichnete sich die Geschichte, die sie enthielt, immer klarer ab. Ich sah, wie sich Bilder und manchmal ganze Szenen vor mir abspulten.

Es war eine Geschichte, die auf die früheste Kindheit zurückging. Georges war für seine Eltern kein Wunschkind gewesen. Seine Eltern hatten geheiratet, weil seine Mutter mit ihm schwanger gewesen war. Gewiss, als er dann da gewesen war, hatten sie ihn akzeptiert und auch geliebt. Aber wie viele offene Fragen hatte es gegebem, bevor er geboren worden war! Sollten sie ihn behalten oder den Großeltern anvertrauen? Sechs Monate nachdem er auf die Welt gekommen war, wurde die Mutter krank und ließ ihn vorübergehend bei den Großeltern. Für Georges war das das erste Drama, das die Ängste reaktivierte, die er bereits im Mutterleib gehabt hatte.

"Haben mich meine Eltern wirklich lieb? Haben sie mich vielleicht für immer hier gelassen?" Dieser Zweifel war noch fünfzig Jahre danach gegenwärtig. Aber Georges hatte es nie gewagt, seinen Eltern diese Frage zu stellen. Was wäre gewesen, wenn sie mit "Ja" geantwortet hätten?

Er zog es vor, seinen Schmerz zu verbergen, statt sich mit einer Wirklichkeit auseinanderzusetzen, die ihn zerstören könnte. Doch nun war er bereit zu fragen:

"Als ihr mich damals bei Oma und Opa gelassen habt, hattet ihr da die Absicht, mich für immer dort zu lassen? War ich so wenig willkommen in eurem Leben, war ich euch wirklich zu viel?"

Der kleine Junge war hier, vor mir, immer noch präsent, trotz der über fünfzig Jahre, die seither vergangen waren. Die Gedankenform bebte, weil sie entlarvt worden war, weil sie von jetzt an an Vitalität verlieren würde.

Seine letzte Krise hatte Georges nach einer Unsicherheit in der Beziehung mit seiner derzeitigen Partnerin erlebt. Die reaktivierte

Gedankenform hatte reagiert wie jedes Mal, wenn Zweifel und Unsicherheit darüber, ob er wirklich so geliebt wurde, wie er war, echtes Leiden bei ihm auslösten, dessen er sich nicht mehr wirklich bewusst war. Die Jahre vergingen, das Kind war körperlich herangewachsen und hatte die Erinnerung an diese Geschichte ausgelöscht. Sein Bewusstsein hatte es praktisch vergessen.

Und trotzdem steckt in jedem von uns oft noch ein kleines Kind, das laut schreit: "Mögt ihr mich wirklich, so wie ich bin? Dünn oder dick, weder immer intelligent noch wirklich sympathisch, nicht so, wie ihr es euch vielleicht vorgestellt oder erträumt habt? Liebt ihr mich wirklich, auch wenn ich nicht so bin, wie ihr es erwartet habt?"

Diese Frage tragen wir alle mit uns herum, und wir alle wünschen uns nichts sehnlicher als ein: "Ja, wir lieben dich, egal, wie du bist, und egal, was du tust. Und nicht nur, weil du gut in der Schule bist oder weil du eine gute Arbeit gefunden hast oder weil du ein anständiger Kerl oder ein ehrliches Mädchen bist ..."

Wie oft handeln wir nur, weil wir immer noch auf der Suche nach dieser Antwort sind, dieser Antwort, die uns der bedingungslosen Liebe versichert? Das einzig Dumme daran (und nicht leicht zu Lösende) ist, dass wir diese Antwort von den anderen beantwortet haben wollen und dabei vergessen, dass wir die einzigen sind, die uns diese Antwort geben können ...

Nachdem Georges noch ein paar Mal zu mir in Behandlung gekommen war und sich endlich entschlossen hatte, seinen Eltern von seinen Zweifeln zu erzählen, die ihn an ihrer Liebe für ihn hatten zweifeln lassen, verlor die Gedankenform an Vitalität, wurde wie ein Luftballon immer schlapper und verschwand schließlich ganz.

Das Problem tauchte nicht mehr auf, weil die Liebe sich schließlich eingestellt hatte. Georges hatte sich schuldig gefühlt, nicht willkommen, und er hatte es seinen Eltern nachgetragen, dass sie ihn nicht gewollt hatten. Wie wir im weiteren Verlauf noch sehen werden, gehören immer zwei "fehlende Gaben" dazu, damit eine Gedankenform weiterhin ihren Einfluss auf uns ausüben kann: eine gegenüber uns selbst und eine zweite gegenüber dem anderen.

Bei Georges war es so, dass er sich, noch bevor er sich inkarnierte, unsicher und von einer Entscheidung abhängig gefühlt hatte, die er nur wenig beeinflussen konnte. *Genau ab jenem Zeitpunkt hatte sich die Gedankenform durch Einwirkung des sechsten und des fünften Chakras gebildet. Zwei feinstoffliche Lichtstrahlen, die von zwei Energiezentren ausstrahlten, hatten sich in wenigen Metern Entfernung innerhalb der Auraschichten des Wesens Georges vereint, das bereit war, sich zu inkarnieren.*

Am Verbindungspunkt der beiden Strahlen entstand eine Zelle, die alle Informationen enthielt, die von Georges ausgesandt wurden.

Für ihn waren der Zweifel, die Unsicherheit, die Wut, dass er nicht gewollt war, und das Schuldgefühl darüber, dass er trotzdem da war, ein Teil dieser Informationen. Natürlich sind die Tatsachen, die wir "real und konkret" nennen, in den meisten Fällen weit von dem entfernt, wie sie die Person selbst sieht. Trotzdem ist es letztendlich nicht die "objektive" Tatsache, die in Aktion tritt, sondern die Tatsache, so wie sie aus der Sicht von der Person, die sie erlebt, ausgelegt und gefärbt wird.

Georges wurde geliebt, hatte aber Angst und zweifelte an dieser Tatsache. So wurde die entstandene Zelle zu einem potenziellen Aufnahmebecken voller Wut gegenüber seinen Eltern und einem Schuldgefühl, überhaupt auf der Welt zu sein, das jederzeit in Aktion treten konnte. Und das Bild, das sich Georges von sich selbst und seinem eigenen Wert machte, wurde davon bestimmt.

Daraus entstand die erste Gedankenform. Später folgten dann weitere, die immer wieder dieselben Informationen wie in der ersten Zelle enthielten, und wenn nicht alle, dann zumindest eine.

Gedankenformen werden immer auf der mentalen Ebene erschaffen. Das erklärt auch, warum Lebensformen, bei denen der denkende Verstand und die Vorstellungen, die damit einhergehen, nur wenig oder gar nicht entwickelt sind, nicht von Gedankenformen belastet sind. Um eine Gedankenform zu erschaffen, ist es daher nötig, dass es sich um ein Individuum mit einer bereits strukturierten, ichbewussten Persönlichkeit handelt. Die Emotionen, die die Existenz des sog. "Ego" ermöglichen, üben bei diesem Vorgang einen ganz konkreten Einfluss aus. Denn ein Großteil der Gedankenformen ist im dritten Chakra verwurzelt, das eine direkte Verbindung zur Gefühlssphäre aufweist.

Eine Gedankenform ist eine Kraft, die zu wirken beginnt, sobald sie erschaffen ist: Von da an können alle feinstofflichen oder körperlichen Ebenen von ihr beeinflusst werden und je nach den Informationen, die in diesem bisweilen unförmigen Gedanken enthalten sind, darauf reagieren.

Im Jahre 1791 schrieb Kant: "Die Vernunft nimmt das, was sie selbst aufgrund ihrer eigenen Pläne hevorbringt, nicht wahr."

In der heutigen Zeit haben David Bohm und Karl Pribram die Gewissheit, dass das Gehirn Materie hervorbringen kann und dass die Aufmerksamkeit, die wir den Elementen des Lebens entgegenbringen, ausreichend ist, um ihnen zu einer Existenz zu verhelfen.

In einem Artikel der Zeitschrift *Motus* habe ich gelesen, dass "Bohm die Hypothese vertritt, dass unsere Gehirne die Begriffe von Zeit und Raum formen und die 'harte Realtität der Objekte' mathematisch konstruieren, indem sie Frequenzen aus einer Dimension interpretieren, die Zeit und Raum transzendieren."

Pribram sagte, dass die objektive Welt keine Existenz habe, zumindest nicht die, die sie unserer Meinung nach hat ... Die Raum-Zeit-Wirklichkeit sei nur das Ergebnis der Auslegung und Berechnung dieser Frequenzen von Seiten dieses komplexen Rechners, unseres Gehirns.

In den Worten der Forscher der Quantenphysik das wiederzufinden, was mir auf viel mystischere Weise vermittelt worden war, bestätigt mir, dass wir heutzutage nur noch einen Schritt von der Tatsache entfernt sind, dass die Mystik in konkreteren Begriffen verstanden werden kann und Wissenschaft und Bewusstsein zu zwei Fingern einer Hand werden, der Hand Gottes.

Da ich selbst mit der Raum-Zeit-Dimension herumexperimentiert habe, die wir heute als einfache Projektion unserer Überzeugungen erleben, bin ich wahnsinnig glücklich, dass offiziell anerkannte Wissenschaftler in der Lage sind, diese Realität auf konkretere Weise verständlich zu machen. Und wenn ich hier von "Realität" rede, weiß ich, dass auch dieser Begriff der Schöpfung und der Raum-Zeit eines Tages überholt sein wird. Oder wie Sri Aurobindo es ausdrückt:

"Wir müssen uns nicht nur von den Fallstricken des begriffsbegabten Geistes und der Sinne befreien, sondern auch von denen des Denkers, des Theologen, des Begründers einer Kirche, von den Ketten und den Ideen ...Wir müssen immer Begrenzungen wie diese überwinden und auf die Endlichkeit zugunsten der Unendlichkeit verzichten ... Das heißt auch Abstand nehmen von den Wahrheiten, an denen wir hauptsächlich festhalten, weil sie nur Ausdrucksweisen und Formen des Unsagbaren sind, das sich nie auf eine Form begrenzen lässt, welche auch immer das sein mag."

Das bringt mich also auf das gegenwärtige Hindernis unserer Gedankenformen zurück, für deren Entstehung wir ganz alleine verantwortlich sind. Wie kann die Wirkung einer Gedankenform eine Krankheit auf rein physischer Ebene auslösen? Das wollen wir im folgenden Kapitel klären.

KAPITEL III

Gedankenformen und körperliche Krankheiten

*"Die Geschichte eures Lebens ist nicht beson-
ders wichtig. Wichtig ist die Art und Weise,
wie ihr es lebt, die daraus eine leuchtende
Wirklichkeit macht."*

(Anne und Daniel Meurois-Givaudan,
Vom Geist der Sonne)

Wenn das Leben ein bestimmtes Ereignis für uns vorgesehen
hat, wird dieses von unserer Seele angezogen, damit wir wachsen
und ausprobieren können, was wir im Grunde unseres Herzens
wollen. Egal, um welches Ereignis es sich handelt, es ist immer
eine Erfahrung in Verbindung mit der Liebe. Ich weiß, dass diese
Worte jemanden, der gerade in einer schwierigen Situation steckt
und das Gefühl hat, genau das Gegenteil von Liebe zu erfahren,
vor den Kopf stoßen können. Vielleicht denken Sie: Worte, nur
schöne Worte ... Und trotzdem: Was bringt schon einen Menschen dazu, sich für den Hass zu entscheiden?

Glauben Sie wirklich, dass es sich dabei um eine Entscheidung handelt? Kein Mensch entscheidet sich für den Hass,
genauso wenig wie sich ein Angestellter im Büro für die Ver-
achtung der anderen entscheidet, um um jeden Preis die ange-
strebte Beförderung zu erreichen. Er folgt einem Impuls. Es ist
der Neid, der für die Kleinlichkeit und die Verkrüppelung der
Seele verantwortlich ist, "bis daraus Monster entstehen", wie es
ein Mönch ausdrückte, der von den Roten Khmer gefangen genommen worden war.*

Anne und Daniel Meurois-Givaudan, *Essener Erinnerungen*, Hugendubel,
München 1988.

Das Ereignis an sich ist immer neutral. Das heißt, wenn es passiert, ist es weder gerecht noch ungerecht, weder gut noch schlecht. Es ist einfach ein Ereignis, fertig!

Es kann in Form eines Zusammentreffens, einer Auslegung, einer präzisen Tatsache stattfinden, denn die Mittel sind genauso vielfältig wie die Wege unseres Lebens.

Es ist also wirklich die Sichtweise, mit der wir das Ereignis einschätzen, die das kreiiert, was danach kommt, und ihm seine einzigartige Färbung gibt: unsere eigene (denken wir immer an die Worte Kants). Was wir im Grunde unseres Herzens in Bezug auf ein Ereignis empfinden, hängt wiederum vom Augenblick, von der Bürde unserer früheren Leben, die wir mit uns herumtragen, und von den Mitteln ab, die uns dank unserer Kultur, Erziehung, Religion, dank unseres Reichtums oder dank unserer Armut zur Verfügung stehen.

Ich bin immer überzeugter, dass wir nicht alle in derselben Welt leben, sondern dass jeder von uns sich – je nach seiner Färbung, seinen Emotionen, seiner eigenen Idee – eine ganz eigene Welt schafft. Beispielsweise sind Geschwister manchmal überrascht, wenn sie beim Gespräch über ihre Eltern herausfinden, dass die Eltern, die der eine beschreibt, nur ganz wenig mit den vom anderen beschriebenen Eltern gemein zu haben scheinen. Sie sind von den gleichen Eltern geboren worden, aber sie haben die gleichen Ereignisse auf ganz unterschiedliche Weise erlebt.

Ein Ereignis kann also für den einen banal sein, aber den anderen lange Zeit tief beeindrucken und zeichnen.

Julia

Julia, ein hübsches Mädchen voller Leben, hatte Brustkrebs in der rechten Brust. Sie war die älteste Tochter eines Paares, das in Südeuropa lebte. Achtzehn Monate nach ihrer Geburt war ein kleines Brüderchen geboren worden: ein klassisches Schema in einer normalen Familie ...

Bevor Julia auf die Welt gekommen war, hatten ihre Eltern gehofft, dass ihr erstes Baby ein Junge sein würde, eine Sache, die ihnen ganz banal vorkam. Doch Julia hatte eine dunkelrote Gedankenform, die mit der rechten Brust verbunden war und nur wenige Meter vom Körper in ihrer kausalen Aura festhing, die Schmerz und Wut über ihre Weiblichkeit ausstrahlte.

Bereits im Mutterleib wusste Julia, dass ihre Eltern einen Jungen erwarteten. Das machte sie traurig und wütend zugleich. Besonders ihr Vater wollte gerne einen Jungen. "Was soll das? Ein Mädchen ist doch gleich gut, oder nicht?" Das war die Frage, die Julia bis zu ihrer Krankheit in ihrem Herzen mit sich herumtrug. Als die Kleine das Licht der Welt erblickte und ihren ersten Laut von sich gab, nahm sie um sich herum nur enttäuschte Blicke und Seufzer wahr. "Nächstes Mal machen wir es besser", "Manchmal muss man, um ein Meisterwerk zustande zu bringen, vorher eine schlechte Kopie machen", so die Kommentare. Julia wusste es schon seit Monaten. Schon im Mutterleib hatte sie die Kommentare über sich gehört. Doch im Moment der Geburt hätte sie eigentlich unendlich viel Zärtlichkeit gebraucht. Sie suchte nach einem liebevollen Blick, an dem sie sich festhalten konnte, doch umsonst. Alles um sie herum strahlte Enttäuschung aus. Sogar die Großmutter, die von weit her gekommen war, um ihrer Tochter bei ihrer neuen Mutterrolle zu helfen, wurde von der Energie um sie herum überrollt. Sie stand nur da wie eine farblose Präsenz, unfähig sich über die Ankunft von Julia zu freuen. Die mechanischen Gesten des Krankenhauspersonals halfen Julia auch in keinster Weise, und in jenem Moment wusste Julia nicht, ob sie Lust hatte, am Leben zu bleiben. Nur wenige Minuten waren vergangen, aber etwas war in ihrer Seele zerbrochen. Sie litt still vor sich hin unter dem Liebesmangel, der auf sie einwirkte, ohne dass sie sich dessen bewusst war.

"Wenn ein Mädchen nicht viel wert ist, heißt das, dass ich gar nichts wert bin." Dieser Gedanke blieb verkrustet in Julias Aura in Form einer traurigen Blase der Selbsterniedrigung hängen. Ihre Sicht der Dinge führte dazu, dass das sechste Chakra mit Hilfe des fünften Chakras, das für die mentale Sphäre und unsere Vorstellungen zuständig ist, diese Information auslegte, konkretisierte und ihr Gestalt verlieh. So entstand eine Gedankenform.

Achtzehn Monate später kam ihr Brüderchen auf die Welt, und dieses Mal war die Familie voll der Freude. Julia liebte und hasste diesen kleinen Bruder. Vor allem reaktivierte seine Ankunft ihre

Gedankenform wieder, die ihr sagte: "Schau nur, wie glücklich deine Eltern sind, einen Sohn zu haben. Dagegen bist du nichts wert. Du bist ja nur ein Mädchen!"

Der Kleine brauchte natürlich viel Zuwendung, und Julia fühlt sich noch unwichtiger.

Von jenem Moment an beschloss sie, allen zu zeigen, dass sie etwas wert war, dass sie es verdiente zu leben und geliebt zu werden.

So erschuf sie eine andere Gedankenform, die alle erforderlichen Elemente enthielt, um zu beweisen, dass "es sich lohnt, dass Julia existiert."

Julia verbrachte daraufhin ihre Zeit damit, sich hilfsbereit zu zeigen, die Klassenbeste oder die Beste zu Hause zu werden. Sie *musste einfach* die Beste sein, was hieß, dass sie immer erfolgreich sein musste, nie einen Fehler machen und vor allem nie ihre Schwächen nach außen dringen lassen durfte. Sie wuchs zu einem schönen, aktiven Mädchen heran, das nur selten "Nein" sagte und alle zufrieden stellte. Alle fanden sie bewunderswert, und Julia bürdete sich viel mehr auf, als sie eigentlich gemusst hätte. Doch das war immer noch nicht genug. Julia war nie zufrieden und wurde zu einer jungen Frau, die von sich selber immer mehr forderte.

Trotzdem zeigten sich die Menschen nicht immer erkenntlich für alles, was sie tat, sei es bei der Arbeit oder auf der affektiven Ebene. So nahm sie es zumindest wahr ... Und so bildeten sich in ihrer Aura, die vor Schmerzen schrie, immer mehr Gedankenformen.

Mit ihrem Liebesleben war sie überhaupt nicht zufrieden. Sie ging von einem Mann zum nächsten über. Doch bei keinem fand sie diesen anerkennenden Blick voll der Bewunderung, den sie immer noch so verzweifelt suchte. Sie wollte keine Kinder, sie hatte keine Zeit und auch keinen Platz für die Mutterrolle, die ein Symbol der Weiblichkeit war.

Die letzte Scheidung war ein schwerer Schlag gewesen. Sie wurde krank und merkte endlich, dass der auslösende Faktor der Krankheit nichts war, das von außen kam. In ihr selbst war etwas, was nicht richtig funktionierte.

Julia liebte sich nicht, und obwohl sie offensichtlich eine Erfolgskarriere hatte, zweifelt sie stark an sich selbst. In den Gedankenformen, die um sie herumschwebten, war all das schon hineingeschrieben. Und die junge Frau fing an, diese Mechanismen wahrzunehmen, die sie über Jahre bei sich gehegt und gepflegt hatte und die jedes Mal wieder an die Oberfläche kamen, wenn sie eine entsprechende Situation anzog.

Wie wirken die Gedankenformen von Julia?

Im Laufe des ersten Ereignisses, das Julia mit der aus ihrer Sicht gefilterten Information abspeicherte, bildete sich eine Gedankenform, die die Energie der Ablehnung enthielt. Sie hatte keine präzisen Umrisse, setzte sich aber sofort in der Aura der Neugeborenen fest.

Diese Gedankenform enthielt eine Energie der Traurigkeit, der Selbstabwertung in Bezug auf den ersten Mann in Julias Leben: ihren Vater. Sie suchte verzweifelt nach einem Blick, einem Wort, einer Geste von Seiten ihres Vaters, die ihr zeigen würde, dass "sie für ihn etwas wert war", doch umsonst ... Das war jedenfalls, was sie glaubte, wie sie das Ereignis auslegte. Diese über Jahre ständig wiederholten Emotionen waren langsam zur Quelle ihrer Entstehung zurückgekehrt und griffen nun die Organe an, die bei jeder Frau ihre Weiblichkeit verkörpern (in ihrem Fall die rechte Brust und der linke Eierstock).

Wenn Emotionen intensiv erlebt und immer wieder reaktiviert werden, lösen sie sich aus der Aurahülle heraus und hinterlassen dadurch eine Art Bresche oder Lücke, die destruktiven Energien, die in der feinstofflichen Welt herumschweben, Tür und Tor öffnet.

Das ist in etwa vergleichbar mit einem Loch oder Riss in einem Schutzpanzer.

Ab dem Moment, in dem eine Gedankenform erschaffen wird, funktioniert sie praktisch wie ein Magnet, der alle Energien anzieht, die sie nähren können, alles, was in direkter Verbindung zu ihr steht.

Das heißt also, dass die kleine Julia Ereignisse, Worte, Begegnungen anzog, die ihrer Sicht der Selbsterniedrigung, des Nichtliebens ihrer eigenen Weiblichkeit Vorschub leisteten. Ihre Eltern sagten beispielsweise über sie, dass sie "ein richtiger Lausbub" wäre. Die ursprüngliche Gedankenform wurde also genährt, und

die einschneidensten Situationen setzten sich wiederum in der
Aura von Julia fest.

Nach vielen Jahren und einer Unmenge von Konflikten waren
es schließlich so viele Gedankenformen, dass praktisch der Moment gekommen war, der das Fass zum Überlaufen brachte. Der
physische und die feinstofflichen Körper wollten von dieser Last
befreit werden, und sie äußerten dies über eine Krankheit.

Zu Zeiten der Essener, die berühmt für ihre umfassenden
Kenntnisse und ihr großes therapeutisches Wissen waren, kannte die kleine Miriam (das war mein Name zu jener Zeit) bereits
die Wirkungsweise der Gedankenformen:

"Die geschwächten Seelen sind wie der Magnet, Simon. Sie
ziehen die Körper mit einer niedrigen Schwingung an, die sog.
'Krankheitsentitäten'."*

Mit etwas Übung ist es möglich, den Faden (oder die Fäden)
zu sehen, die die Haupt-Gedankenform und die sekundären Gedankenformen mit einem Organ oder einem oder mehreren Chakren des Kranken verbinden. Der Ort, an dem eine Gedankenform auftritt, ihre Form und ihre Farbe sind mit Sicherheit
wichtig, um ihren Ursprung herausfinden zu können, aber in
dieser Phase ist es vor allem wichtig, den Schöpfungsprozess zu
begreifen, durch den sie erschaffen wird.

Wenn wir beispielsweise Julia fragen, was das vor Auftreten
der Krankheit zeitlich naheliegendste und traumatisierendste
Ereignis für sie war (in Bezug auf ihre Vorstellung von Weiblichkeit), können wir entdecken, was das auslösende Ereignis war,
der Tropfen, der das Fass zum Überlaufen brachte. Es muss sich
um einen Moment handeln, der mit allen anderen vorausgegange-
nen Ereignissen und insbesondere mit der ursprünglichen Gedankenform in Zusammenhang steht. Das letzte Trauma in der Kette
von Ereignissen kann manchmal ein relativ unbedeutendes sein.
Trotzdem ist es genau das, welches wieder den Finger auf die
Wunde legt, die wir nicht sehen wollen.

Stellen wir uns einmal vor, Julia würde ihren Job verlieren und
gleichzeitig entdecken, wie ihr Mann zu einer seltsamen Uhrzeit
mit einer anderen Frau im Café sitzt. Es ist sehr wahrscheinlich,
dass dieses traumatische Ereignis des "kleinen Mädchens, von

---

* Anne und Daniel Meurois-Givaudan, *Essener Erinnerungen*, Hugendubel,
München 1988.

dem alle wollten, dass es ein Junge wird", wie eine weitere Ablehnung erlebt wird.

Die ursprüngliche Gedankenform, die auf die Ablehnung von Seiten des Vaters zurückgeht, wird genau in dem Moment reaktiviert, auch wenn keine konkrete und objektive Tatsache die wirkliche Existenz einer erneuten Ablehnung beweisen kann.

Ich persönlich habe wirklich noch nie eine Krankheit und nicht einmal einen Unfall erlebt, an deren Ursprung nicht eine Gedankenform gestanden hätte. Der Bruch des rechten Handgelenks auf einer Skipiste ist keine belanglose Kleinigkeit. Für mich ist es offensichtlich, dass dahinter eine Gedankenform gesteckt haben muss, die eine Bresche in die Aura des Skifahrers geschlagen hat.

Auf der feinstofflichen Ebene gibt es keine "Unfälle", genausowenig wie es dort den "Zufall" gibt. Alle Ereignisse sind bereits auf den feinstofflichen Ebenen festgeschrieben, bevor sie sich in der Materie konkretisieren. Ob das nun einen Augenblick, mehrere Stunden, Monate oder Jahre dauert, es ändert nichts an der Tatsache der *Existenz einer Gedankenform vor dem Ereignis*.

Es ist immer möglich, ein Ereignis, das bereits auf der feinstofflichen Ebene vorhanden ist, daran zu hindern, sich auf der physischen Ebene zu materialisieren, aber um dies mit Erfolg zu verhindern, muss man den Mechanismus der Gedankenform genau kennen, und zwar nicht nur auf der geistigen oder theoretischen Ebene.

Sobald eine Gedankenform erschaffen worden ist, lässt sie eine Bresche entstehen, die sich durch alle Schichten unserer Aura hindurchzieht, die damit nicht mehr in der Lage ist, ihre ursprüngliche Schutzfunktion zu erfüllen. Darüber hinaus wirkt die Gedankenform wie ein Magnet und zieht alles an, was ihrer besonderen Schwingung entspricht. Damit ist Tür und Tor für das geöffnet, was die Essener bereits vor zweitausend Jahren die "Krankheitsentität" nannten.

Eine "Krankheitsentität" ist ein bisschen wie ein ätherisches Wesen*, das sich von den Lebenskräften eines Organs oder eines ganzen Körpers nährt, bis es ihn völlig entkräftet. Das scheint grausam zu sein, doch es hat in keinster Weise etwas

---

* Der Äther kann neben Feuer, Wasser, Erde und Luft als das fünfte Element angesehen werden.

Unmoralisches an sich. Es ist nur eine Tatsache, ein Prozess, der weder gerecht noch ungerecht ist. Die Essener betrachteten die Krankheit nie als einen Feind, den es zu besiegen gilt, und so gehe ich auch heute noch vor. Die Krankheit ist seit eh und je (und wird es auch immer bleiben) hauptsächlich eine Alarmglocke, die unsere Aufmerksamkeit auf die mangelnde Ausrichtung unserer verschiedenen Körper lenken soll. Wenn zwischen unseren Gedanken, Worten und Taten keine Kohärenz besteht, können wir nicht heiter und energisch handeln.

In diesem Zusammenhang wurde ich oft gefragt: "Wie kann es dann sein, dass Menschen mit zweifelhaften, eher obskuren Verhaltensweisen sich häufig bester Gesundheit erfreuen?"

Auch der Begriff "Ausrichtung" hat weder eine positive noch eine negative Konnotation, ist weder gut noch schlecht. Wenn ein Wesen auf das ausgerichtet ist, was es im Grunde ist, mit dem, was es für sich als das Beste erachtet, dann weist es keine Lücke auf. Allerdings auch nur solange, bis ein Teil von ihm nicht mehr kohärent mit seinen Taten ist. Genau von jenem Zeitpunkt an, der in jedem Moment eintreten kann, beispielsweise durch ein anrührendes Schauspiel, einen Blick, ein Wort, eine Hand, die sich uns auf die Schultern legt, den Tod einer uns nahestehenden Person oder die einfache Tatsache, dass wir einen Satz lesen, können wir einen neuen Weg einschlagen. In uns wird es dann etwas geben, was nicht mehr kohärent ist, sondern sein eigenes Leiden hinausschreit. Und es ist dieser Schrei aus der Tiefe unseres Seins, den wir so häufig nicht hören wollen. Und so verdichtet sich mit jedem neuen Aufschrei das Feinstoffliche und wird schließlich zu Schmerz. Den Schmerz, den wir zerstören wollen, auf den wir nicht hören wollen, den wir unter Tonnen von Arzneimitteln oder Beruhigungsmitteln ersticken wollen und der letztendlich nichts anderes ist als wir selbst, dieses überbewusste "Wir", das genau weiß, wie weit wir uns von unserer Essenz entfernt haben.

Bevor sich die Krankheit auf der körperlichen Ebene manifestiert, gibt es viele Hinweise, die sie ankündigen (außer beim Unfall). Und trotzdem bemerken wir sie meistens nicht.

Georges (über dessen Fall wir weiter oben gesprochen haben) hatte häufig starke Rückenschmerzen. Doch er musste zuerst drei Monate im Bett festgenagelt werden und drei Monate lang schwer leiden, bevor er Lust bekam, sich über die üblichen Grenzen hinauszuwagen und in sich selbst nach dem Hindernis zu suchen, das es zu überwinden galt.

Die Krankheitsentität wird von uns und besonders von einem Organ von uns angezogen, weil wir Signale ausstrahlen, die ihr auf der feinstofflichen Ebene entsprechen und sich in Einklang mit ihrem Sender, d. h. uns selbst, befinden.

Der Krankheitstyp, den wir empfangen, oder besser gesagt, den wir anziehen, befindet sich immer im Einklang mit dem, was wir erleben, und mit der Symbolik des Körpers und seiner Organe. "Im-Einklang-sein heißt nichts anderes als in Harmonie oder kohärent sein."

Eine Gedankenform kann sich eine geometrische Form geben oder unförmig bleiben, je nach dem oder den Gedanken, aus denen sie sich zusammensetzt.

Ein gut strukturierter, präziser Gedanke, der immer wieder wiederholt wird, kann wirklich eine überaus überraschende Form annehmen. Stellen wir uns zum Beispiel eine Person vor, die sich vorbereitet, einen Freund zu treffen, den sie schon lange nicht mehr gesehen hat. Wenn wir diese Personen aus der Sicht der Seele beobachten, nehmen wir lebhafte, fröhliche Farben war, wie etwa Rosa, die Farbe der Zuneigung, Hellgrün, das tiefe Sympathie verkörpert, Gelb-Orange, das für die Erinnerung an schöne, gemeinsam verbrachte Momente und die Vorstellung steht, die sich die Person bereits von dem Treffen macht. Die Struktur dieser Gedankenform kann gleichzeitig präzise sein und im angeführten Fall die Form eines Halbmonds annehmen, wie zwei offene Arme, die bereit sind, den anderen zu umarmen. Die Vorstellung, die sich die Person von dem Zusammentreffen macht, bestimmt den Ort in der mentalen Aura der Person, an dem die Gedankenform angesiedelt wird. Beispielsweise mehrere Meter vom physischen Körper entfernt, bevorzugt links (weil das die Seite der Zuneigung ist) und im oberen Teil in Höhe des Kopfes, weil an diesen Freund gedacht wird.

Es handelt sich dabei um eine Gedankenform ohne Beständigkeit, denn sie wird nur für die Zeit des Treffens präsent sein. Danach wird sie nach und nach verlöschen, weil sie sich auf einen präzisen Moment bezieht und nicht wiederholt.

Wenn die Gedankenform hingegen ein Gefühl wie das im Falle von Georges beschriebene beinhaltet, entspricht sie einer

Angst, nicht geliebt zu werden. In diesem Fall hat sie unförmigere Konturen, ungefähr wie ein Luftballon, der nicht ganz rund ist. Die Farben sind hier die Farben der Geschichte von Georges, und die Gedankenform könnte auch Gesichter enthalten, wenn nicht gar ganze Kurz-Szenen.

Da wir nun wissen, dass Gedankenformen andere vom selben Typ hervorrufen (und das über Jahre), können wir uns vorstellen, wie sehr uns dies verlangsamt. Die Gedankenformen sind wie Ketten oder Gewichte, von denen wir uns heute befreien können.

KAPITEL IV

Gedankenformen und vergiftete Narben

"Gott, gib mir die Gelassenheit, das anzunehmen, was ich nicht ändern kann, den Mut, das zu ändern, was ich ändern kann, und die Weisheit, den Unterschied zu erkennen."

Marc Aurel

Es gibt bestimmte chirurgische Eingriffe, Hautwunden oder Verstauchungen, die in einer Phase unseres Lebens auftreten, in der bestimmte Ereignisse oder Emotionen in Verbindung mit unseren Gedankenformen deren Verheilen auf ätherischer Ebene verhindern.

Es kommt also vor, dass eine Wunde oder Operationsnarbe sowohl auf körperlicher als auch auf feinstofflicher Ebene nur unter Schwierigkeiten verheilt und uns noch wochen- oder gar jahrelang wehtut.

Das sind die sog. "vergiftete Narben". Vergiftet deshalb, weil die Gedankenform, die hinter dem Ereignis steckt, noch nicht aufgelöst ist und weiterhin ihr Gift verströmt.

Auf der feinstofflichen Ebene verursachen diese Narben "Energieverluste", die sich dann wiederum auf körperlicher Ebene in Form von Müdigkeit und Erschöpfung auswirken, für die man keine physische Ursache findet. Deshalb werden sie auch häufig als "psychische Erschöpfung" abgestempelt.

Wie oft haben wir schon folgenden Satz gehört, der ein Geheimnis verbirgt und ein ganzes Programm darstellt: "Sie haben nichts Schlimmes, es ist nur ein psychisches Problem!"

Suzanne

Suzanne kam zu unseren Kursen, war aber immer müde, ohne dass es wirklich physische Gründe dafür gegeben hätte. Da sie das beunruhigte, ließ sie sich auf alles Mögliche untersuchen, doch man fand einfach nichts, was nicht stimmen würde.

Sie hatte keine besonderen Leiden oder Traumata erlebt, außer dass es ihr im Nachhinein leid tat, dass sie bei der Geburt ihres Kindes nicht bei Bewusstsein gewesen war.

Vor sechs Jahren hatte sie ein Kind zur Welt gebracht, das vor Leben nur so sprühte, aber leider hatte sie keine schönen Erinnerungen an die Geburt selbst.

Sobald sie und ihr Mann gewusst hatten, dass sie schwanger gewesen war, hatten sie sich auf die Geburt vorbereitet. Sie waren sich beide bewusst gewesen, dass es sich dabei um ein ganz besonderes Ereignis handeln würde und wollten bei der Ankunft des Kleinen so gut wie möglich aktiv mitwirken. Sie wählten eine berühmte Klinik aus, wegen der Offenheit des Direktors für neue Methoden und wegen der Kompetenz der Hebammen, die dort arbeiteten.

Die zukünftigen Eltern bereiteten sich also mit Kursen auf die Geburt vor, bei denen sie mit ihrem Kind sprachen und sich seiner Präsenz bewusst waren und Freude bei der Vorstellung seiner Ankunft empfanden.

Suzanne erinnerte sich noch an jenen Frühlingsmorgen, als sie bei den ersten Wehen ganz aufgeregt ihren Mann anrief, um ihm mitzuteilen, dass ihre Fruchtblase geplatzt war. Daraufhin fuhren sie mit ihrem Auto schnell in die Klinik, wo das Personal schon informiert war. Es war keine Klinik, wo Geburten wie am Fließband abgefertigt wurden, und jede zukünftige Mutter wurde wie eine ganz besondere Person empfangen.

Suzanne war glücklich und trotzdem im Grunde ihres Herzens ängstlich. Es fühlte sich aber anders an als Angst, wie eine dumpfe, viel tiefer gehende Sorge ...

Während der Wehen wurde die Aufzeichnung der Herztöne des Kleinen plötzlich alarmierend, und von einem Moment zum anderen nahm die Sache eine böse Wendung. Notfall: "Wir müssen eingreifen, und zwar schnell", sagte die Hebamme. Suzanne bekam also einen Kaiserschnitt gemacht und konnte die Geburt ihres Kindes nicht bewusst miterleben. Die zukünftige Mutter versuchte zu protestieren und bat, noch etwas abzuwarten, aber auch sie war geschwächt, und ihr Ehemann war ihr in jenem Moment keine große Hilfe gewesen, denn er wollte, dass alles glattging und es keine Probleme gab.

Der Kaiserschnitt wurde durchgeführt. Das Kind wurde nicht zu Suzanne ins Zimmer gelegt, sondern in ein Zimmer ganz in der Nähe. Sie sah es beim Wiederaufwachen und war zwar glücklich, aber auch tief enttäuscht. Sie hatte den Eindruck, das, weshalb sie hergekommen war, nicht zu Ende gebracht zu haben. Das unangenehme Gefühl einer nicht zu Ende geführten Aufgabe, einer unvollendeten Mission begann heimtückisch an ihr zu nagen.

Tatsächlich war die Kaiserschnittnarbe deutlich sichtbar und strahlte beim Annähern der Hand wie einen leichten Windhauch ab, der ein stechendes Gefühl auf der Haut hinterließ. Es handelte sich um eine undichte Stelle, über die Energie verloren ging. Und das war es, was die unerklärliche Müdigkeit von Suzanne verursachte. Dieses Leck zu schließen war keine komplizierte Aktion, nützte jedoch nichts, wenn die mit dieser Narbe verbundene Gedankenform nicht aufgelöst wurde. Ohne die Zusammenarbeit mit Suzanne, würde sich die Lücke unter dem Einfluss der Gedankenform nach wenigen Wochen wieder öffnen.

An diesem Beispiel wollen wir einen ganz wichtigen Punkt der Heilung aufzeigen, denn wir als Therapeuten heilen keine Krankheit und keine Organe, sondern eine Person. Und ohne ihre Mitarbeit können keine dauerhaften Erfolge erzielt werden.

Suzanne hatte dieses Ereignis nie vergessen, und wir wollten auch nicht, dass sie es vergaß. Aber wir baten sie, etwas zu akzeptieren, das sie nicht ändern, aber aus einer weniger dramatischen Perspektive betrachten konnte.

Es stimmt, dass ein Ereignis, dass sich in unser Gedächtnis eingeprägt hat, niemals ausgelöscht werden kann. Wir können zwar eine Geschichte aus unserer Vergangenheit vollkommen vergessen oder unter Amnesie leiden, aber die Tatsache an sich bleibt eingeprägt. In uns gibt es eine Datenbank, die wir "Samenatom" nennen und die uns von einer Inkarnation zur nächsten folgt. Das Samenatom enthält alles, was uns betrifft, in allen Einzelheiten. Es kommt mit uns zurück auf die Erde und ist auf der feinstofflichen Ebene im linken Herzventrikel angesiedelt.

Es ist der zukünftige Vater, der das Samenatom reaktiviert. Das findet auf der Seelenebene statt, und zwar in dem Moment, in dem wir die Entscheidung treffen, uns erneut zu inkarnieren, drei Monate vor der tatsächlichen körperlichen Empfängnis.*

Wir sind die Gesamtheit der Ereignisse, die wir zusammengenommen "Vergangenheit" nennen. Und in uns ist bereits das enthalten, was wir hier auf der Erde "Zukunft" nennen. Es ist daher utopisch zu glauben, ein Ereignis auslöschen zu können. Wir sind die Gegenwart, und in dieser Gegenwart ist alles enthalten, was wir jemals erlebt haben.

Was existiert hat, existiert und wird immer existieren. Trotzdem (und an diesem Punkt greifen wir ein) hängt das, was wir um das Ereignis herum aufbauen, sei es aus Emotionen geboren, die es in uns auslöst, sei es durch die Vorstellung bedingt, die wir uns davon machen, ausschließlich von unserer Sichtweise der Dinge ab.

Suzanne verstand und akzeptierte. Sie beschäftigte sich noch einmal mit dem Ereignis, das sie so tief gezeichnet hatte, und versah das, was sie damals so dramatisch erlebt hatte, mit einer akzeptableren, heitereren Note, ein Ereignis, das aufgrund ihres Blickwinkels der Wahrnehmung mit ihr verhaftet geblieben war. Akzeptieren, was wir nicht ändern können, ohne es nach unserem Wunschdenken, unseren Bedürfnissen zu färben, ist ein Akt bedingungsloser Liebe uns selbst und dem Leben gegenüber, so wie es sich uns präsentiert: ohne es zu verurteilen und ohne Erwartungen zu haben, die etwas anderes wollen, als das, was ist.

Diese Tür zu öffnen, ist eine Handlung absoluten Vertrauens, die von ganz alleine die Schlacken auflösen kann, die wir uns so häufig selbst schaffen.

Die junge Frau war sich bewusst, dass sie kein Vertrauen ins Leben hatte, dass sie alles kontrollieren und lenken wollte aus Angst, was passieren könnte, wenn ... Und der "Wenns" und "Abers", die auf Ängste und Unsicherheiten hinweisen, gibt es eine ganze Menge.

Sie merkte außerdem, dass sie an sich selbst sehr hohe Ansprüche stellte und sich nur selten vergab. Sie spürte, dass sie sich selbst nicht wirklich liebte, und integrierte all das sehr schnell.

---

* Siehe auch Anne und Daniel Meurois-Givaudan, *Die neun Schritte ins Leben*, Hugendubel, München 1997.

So ermöglichte Suzanne es der Gedankenform, sich in kurzer Zeit aufzulösen. Da die Gedankenform nichts mehr hatte, von dem sie genährt wurde, fiel sie allmählich in sich zusammen, wurde ausgetrocknet und verschwand schließlich ganz, denn sie hat ihre Funktion erfüllt. In der Folge schloss sich das Energieleck, und die junge Frau fand wieder zu ihrer ganzen Energie zurück.

Das Beispiel von Suzanne ist einfach, aber manchmal kommt es vor, dass sich unter einer solchen Narbe noch ganz andere Probleme verbergen, die es zu lösen gilt, wie etwa der Eindruck, nicht gut genug zu sein oder ein Problem mit der Mutterrolle oder der Beziehung zur eigenen Mutter zu haben. Eine Gedankenform kann also andere verbergen, die viel weiter in der Vergangenheit zurückliegen und meist auf die Kindheit zurückgehen. Es ist natürlich möglich, sie zu heilen oder besser gesagt, sie umzuwandeln. Auf dieses Thema gehen wir im Kapitel "Gedankenformen und Familiengeheimnisse" noch näher ein.

Hinter einer vergiftenden Narbe steckt immer eine Gedankenform, die mit einem traumatisch erlebten Ereignis zusammenhängt, das nicht verdaut und nicht akzeptiert wurde.

Das ist der Kern des Problems. Und das ist es, was es zu verstehen und zu lösen gilt. Wenn ich hier von "lösen" rede, meine ich damit nicht ein geistiges Verständnis unserer Geschichte, auch wenn das ein nötiger Schritt bei der Lösung ist. Die wahre Lösung erfolgt auf einer anderen Ebene, einer Ebene, auf der nur die Energie des Herzens die nötige Verwandlung herbeiführen kann.

Auch der physische Körper seinerseits ist mit einem Gedächtnis ausgestattet, dessen Sitz nicht nur im Gehirn ist, wie wir im folgenden Kapitel noch sehen werden.

KAPITEL V

Gedankenformen und Nadis

"Du bist gleich wie Gott, d. h. dass dir nichts gemacht wird, sondern du es bist, der alles macht. Es können keine Opfer und keine Bösen mehr existieren. Es gibt nur noch das Ergebnis deines Gedankens über etwas."

(Neale D. Walsh, Un temps pour Soi)

Luce

Als wir Luce das erste Mal begegneten, hatte sie gerade einen Massagekurs hinter sich, bei dem ein Ereignis sie sehr aufgewühlt hatte. Luce wollte also eine Ausbildung machen, um etwas zu lernen, mit dem sie anderen Menschen durch Massagen helfen kann. Sie war erst am Anfang des Kurses, und schon traf sie auf ein Hindernis, an das sie bis zu jenem Moment nie gedacht hatte.

Luce war eine rundliche junge Frau mit einem ziemlich aggressiven Temperament. Ihr ganzer Körper schien zu sagen: "Aufgepasst! Mich könnt ihr nicht hinters Licht führen!" Sie war ganz offensichtlich immer in Abwehrhaltung, und ich fragte mich, welches Leiden sich wohl hinter dieser Rüstung verbarg. Ich hörte ihr zu …

Beim Vorführen der verschiedenen Massagegriffe musste auch Luce, wie alle anderen Schüler, mal als Versuchskaninchen herhalten. Zuerst war sie etwas zurückhaltend, weil es ihr zwar gefällt, andere zu berühren, zu geben, aber nicht zu nehmen, geschweige denn, berührt zu werden. Trotzdem hatte sie zugestimmt, weil es in der Schule so üblich war. Doch da ereignete sich der Vorfall: Eine Schülerin berührte bestimmte Punkte an

Luces Beinen, und Luce erlebte, ohne das, was diese Berührung auslöste, auch nur im Geringsten kontrollieren zu können, eine Rückführung, die sie in ihre früheste Kindheit zurückversetzte. Sie stöhnte, kauerte sich zusammen, krabbelte auf allen Vieren und weinte, genau wie ein kleines Mädchen, das leidet. Es dauerte gut fünfzehn Minuten, bis sich die junge Frau wieder beruhigt und wieder in den Griff bekommen hatte. Ihre Reaktion hatte sie tief berührt und aufgewühlt. Sie glaubte, sie vage zu begreifen, ohne jedoch die genaueren Umstände der Situation erfassen zu können, mit der sie zusammenhing.

Als ich ihre feinstofflichen Körper aufmerksam betrachtete, taucht eine Gedankenform auf, die über die Nadis mit den Schenkeln der jungen Frau verbunden war.

Ein Nadi könnte als eine Achse beschrieben werden, auf der das Licht fließt, mit dem unser Körper auf feinstofflicher Ebene mit Lebenskraft versorgt wird, was wiederum unmittelbare Auswirkungen auf die physischen Ebenen hat. Die Nadis bilden eine Art Lichtgeflecht, das unsere ganzen Körper durchdringt und uns so in Einklang mit dem gesamten Universum bringt. So fließen also die Informationen nicht nur in uns, sondern auch zwischen uns und allen lebenden Organismen in allen Universen. Das Licht an sich fließt nicht geradlinig, sondern in Form einer Lemniskate, d. h. auf einer Bahn, die die Unendlichkeit verkörpert.

Wenn sich eine Gedankenform auf einem Nadi festsetzt, hindert sie tatsächlich die Energie am Fließen und am Versorgen des Körpers mit neuer Lebenskraft. Ein unzureichender Energiefluss in den Nadis der Beine wird sich früher oder später auf der physischen Ebene bemerkbar machen und zu Durchblutungsstörungen in den unteren Gliedmaßen führen. Analog gilt, wenn die zwei Nadis, die sich auf der Brust kreuzen, voller Schlacken sind, können sie zu Störungen der Herzfunktion auf der körperlichen Ebene führen.

Wenn wir uns für diese Form des Verständnisses öffnen, geben wir zu, dass das, was uns auf der physischen Ebene zustößt, nur die Konsequenz eines tieferen, ungelösten Ereignisses ist, das weiterhin den feinstofflichen Fluss des Lichts behindert. Alle Gedankenformen, die uns hemmen, sind unsere eigenen Kreationen, die unsere Seele und unseren Körper zu ersticken drohen und uns daran hindern weiterzukommen. Sie sind es, die aus Mangel an Freude die Nadis "verkalken" lassen, was sich wiederum auf die körperlichen Arterien auswirkt. Es sind immer sie, die uns steife Muskeln und Gelenke bescheren. Und es sind immer sie, die uns unser physisches Blut vergiften.

Der Energiefluss in Verbindung mit dem Universum ist an dieser Stelle beträchtlich behindert, was wiederum das Leuchtendste, das wir in uns tragen, behindert.

Ich kann mir vorstellen, dass Ihnen meine Ausführungen schockierend vorkommen, aber heutzutage ist es mehr denn je an der Zeit, dass wir akzeptieren, dass es andere Konzepte zu studieren gilt, wenn wir nicht wollen, dass sich die Medizin in nicht allzu langer Zeit als prähistorisch herausstellt.

Jeder kann sich, wenn er es nur will, in die Lage versetzen, das, wovon ich rede, zu sehen oder zu hören. Allerdings gibt es eine Schwelle zu überwinden, die Schwelle des Zweifels, der Angst vor dem Unbekannten, das reich an Möglichkeiten ist, von uns aber im Gegenzug verlangt, uns auf das zu verlassen, was wir wiederentdecken, und uns ständig von dieser Krücke zu befreien, die wir "Wissen" nennen. Wir wissen gleichzeitig alles und nichts, weil wir nichts anderes machen, als wiederentdecken. Und bei jedem Wiederentdecken lassen wir das hinter uns, was uns die Illusion des "Wissens" gab. Diese Situation ist etwas unbequem, und sie wird es so lange bleiben, bis wir Menschen akzeptieren, dass wir nicht mehr das Maß aller Dinge sind. Auch wenn wir als Kinder das aufregende Gefühl haben, alles zu wissen, sind wir eben gerade nicht der Großrechner dieser Welt, die wir gerade erst anfangen wiederzuentdecken.

Die Gedankenform, die in unserem Beispiel aktiv war, wurde reaktiviert, als die Türen des Lichts berührt wurden. Sie war grau metallic, was auf Lebensangst hinwies, und sie beinhaltete auch ein etwas schmutziges Rot und ein undefinierbares Grün. Von Zeit zu Zeit tauchte in der unförmigen und von Zuckungen erregten Gedankenform auch das Gesicht eines Mannes auf.

Außerdem war auch noch eine andere Gedankenform vorhanden, die weiter weg, aber mit der auf den Nadis verbunden war. Sie war an denselben Verbindungsfaden angeschlossen wie die ursprüngliche Gedankenform und ging auf die frühe Kindheit von Luce zurück. Diese Gedankenform enthielt den ganzen

Schmerz und das Unverständnis einer Welt, von der sie nichts mehr wissen wollte.

Mit Hilfe einer Therapie gelang es Luce, sich zu erinnern, oder besser gesagt: zu akzeptieren, sich zu erinnern: Luce ist in ihrem Bettchen, ist gerade vier geworden und schläft nicht sehr tief, als sie plötzlich über sich einen Atem mit einer Alkoholfahne wahrnimmt. Es ist ein Geruch, den sie gut kennt, der ihr gleichzeitig gefällt und Angst macht. Der starke Alkoholgeruch wird gleichzeitig intensiver, bekannter und beunruhigender. Es ist der Geruch ihres Vaters. Luce will die Augen nicht aufmachen, denn in ihrem Innern spürt sie, wie sich ein unerklärliches Gefühl der Unsicherheit breit macht. Sie fühlt sich wie eingetaucht in Gewalt. Da sind keine Schreie oder Worte, aber sie spürt sie, sie ist fast greifbar. Die Kleine hält die Augen geschlossen, fast kneift sie sie zu, weil der Blick ihres Vaters ihr immer Angst macht und sie ihm ausweichen möchte. Im Grunde hofft sie, dass ihr Papa wieder geht, dass er sie nicht sieht, weil sie ihn ja nicht anschaut. Aber der Papa geht nicht. Die Mama ist nicht da, weil sie einkaufen gegangen ist. Aber sie ist sowieso nie da, um Luce zu verteidigen. Als Luce nur ein einziges Mal versucht, das, was sie an jenem Tag und an vielen anderen danach erlebt hat, ihrer Mutter zu erzählen, weigert sich diese, ihr zu glauben. Luce fühlt sich schuldig, sie hat das Gefühl, verrückt zu werden vor Schmerz, da man ihr nicht glaubt. Und deshalb schweigt sie ziemlich lange. "Verrat ...Verrat!" ist das Wort, das Luce seit damals mit sich herumträgt.

Anfänglich schützt sie sich durch Zunehmen, indem sie ihren Körper unattraktiv macht. Und später legt sie sich dann noch eine Rüstung aus schützender Aggressivität zu.

Heute ist sie eine junge, erwachsene Frau und braucht diese Schutzmechanismen nicht mehr. Aber was blieb, war eine Gedankenform, die bei ihr immer noch bis in die Zellen hinein denselben Mechanismus von Selbstverteidigung erzeugte. Es war eine Gedankenform des Zorns und der Rachegelüste, der Angst und der Bestürzung über eine Kindheit, die ihr ihrer Ansicht nach kaputt gemacht worden war.

Luce hat ihren Eltern diesen Verrat in einem Alter, in dem sie völlig auf sie angewiesen war, nie verziehen. Das war einer der Gründe für das Vorhandensein dieser noch immer so sperrigen Gedankenform.

Ich scheine bereits die Frage zu hören, die einfach kommen muss:

"Aber das ist doch ungerecht! Luce ist das Opfer, und als ob das nicht schon genug wäre, ist sie auch noch dem unheilvollen Einfluss der Gedankenform ausgeliefert, die sich aufgrund ihrer so unfähigen Eltern gebildet hat. Wie erklären Sie das?"

Genau in jenem Moment schlage ich ein Büchlein mit dem Titel *Un temps pour Soi* auf und lese: "Es können keine Opfer und keine Bösen mehr existieren. Es gibt nur noch das Ergebnis deines Gedankens über etwas."

Das ist eine klare Antwort. Was passiert, kommt nicht von außen, sondern wird von dem Teil von uns angezogen, der "weiß", um uns mit einer Erfahrung in Kontakt zu bringen, die weder gerecht noch ungerecht ist, sondern nötig, um eine Schwierigkeit auszulöschen, zu verstehen und zu lösen, die uns, häufig ohne das Wissen unseres Bewusstseins, anhaftet.

Dass Luce rebellierte und handelte, war vollkommen logisch oder sogar notwendig. Aber dass sie weiterhin diesen Groll, dieses Schuldgefühl oder diese Verzweiflung in sich trug, half ihr in keinster Weise und trug nur dazu bei, ihre Körper einen nach dem anderen einzusperren, ohne ihre Geschichte aufzulösen.

Wenn wir uns als "Opfer" fühlen, heißt das, dass der "andere" die Macht hat und wir machtlos sind. Wenn wir die Rolle des "Scharfrichters" spielen, bedeutet das, dass wir uns selbst Macht verleihen und dass der "andere" uns gegenüber machtlos ist.

In beiden Fällen verbergen wir das Göttliche in uns, im einen Fall aus falscher Bescheidenheit, im anderen aus Arroganz. Wie können wir glauben, das Schicksal eines anderen Menschen ändern zu können, ohne dass zumindest ein Teil des anderen in irgendeiner Form zustimmt? Und wie können wir auch nur für einen Augenblick glauben, dass der andere imstande sei, unseren Weg umzulenken, wenn etwas in uns nicht einwilligt?

Niemand kann den anderen verändern, wenn sich dem wirklich alles beim anderen widersetzt. Hören wir daher auf, von einer Rolle zur anderen zu springen, die alle von läppischen, zerstörerischen Bürden belastet sind, während uns das Leben auf ganz anderen Pfaden erwartet!

Wie schwierig es ist, unser Gepäck mit all den alten, schmutzigen und abgetragenen Kleidern abzuwerfen! Welch ungeheure

Angst löst das bei uns aus, uns einfach als Reisende ohne Gepäck zu betrachten! Beobachten wir uns ganz ehrlich, sehen wir uns unsere Häuser an, die so voll von alten Erinnerungen sind, und fragen wir uns: Habe ich vielleicht bei jeder Abfahrt, bei jeder Reise und bei jedem Umzug Angst, dass mir etwas fehlen könnte, habe ich Angst vor der Leere, und was ist hinter all dem meine größte Angst?

Überlegung

"Jede Überzeugung trägt in sich den Samen eines Irrtums, einer Sackgasse. Verwurzelt in euch nicht mehr den Mechanismus der Überzeugung."*

Eine Gedankenform hat eine Form, Farben und eine örtliche Zuordnung. Unter den anderen Informationen enthält sie auch Ringe, mehr oder weniger dicke und zahlreiche Hüllen, an denen man auf ein oder zwei Jahre genau ihr Alter erkennen kann.

Doch ich will mich nicht weiter mit diesem Thema aufhalten, auch wenn die Frage der Altersbestimmung interessant ist. Denn wenn wir eine Gedankenform wahrnehmen, geht es eben gerade nicht darum, den Verstand einzuschalten, denn es gilt: Je weniger aktiv der Verstand ist, desto mehr Informationen erhalten wir. Vielleicht sind sie nicht so, wie Sie es vielleicht gerne gehabt hätten, es sind keine präzisen Informationen wie eine Diagnose (wenn es sich um eine Diagnose handelt). Aber sie werden auf jeden Fall sehr viel verlässlicher sein, wenn der rationale Verstand nicht mit im Spiel ist.

Dieser Ansatz hat nichts mit dem Intellekt zu tun und auch nichts mit einer Technik. Je weniger wir die Vorstellungskraft unseres Geistes bemühen, desto höher ist die Wahrscheinlichkeit, die richtige Information zu erhalten. Damit will ich nicht sagen, dass der Verstand durch Emotivität ersetzt werden sollte, die viele immer noch mit der Liebe verwechseln. Tatsächlich tritt immer noch häufig eine Form einfältiger Sensibilität, eine Art sentimentaler Exaltation oder großer Emotivität auf, *die uns zu verstehen gibt, sie sei die Liebe.* Natürlich gibt es viele Möglichkeiten zu lieben, und die Liebe hat so viele verschiedene Facetten,

---

* Anne und Daniel Meurois-Givaudan, *Vom Geist der Sonne*, Hugendubel, München 1993.

dass wir sie nicht ignorieren können. Trotzdem gibt es auf dem therapeutischen Gebiet, über das wir hier reden, keinen Platz für die auf Gefühlen beruhende Liebe.

Können Sie sich vorstellen, mit dem Patienten zu weinen oder ihm sogar etwas vorzuweinen (es hängt davon ab, was Sie gerade machen)?! Nun einmal ganz ehrlich, glauben Sie wirklich, dass Ihre Hypersensibilität etwas zu seiner Heilung beitragen kann?

Außerdem kommt es sehr viel häufiger vor, dass die Patienten eine unbändige Lust haben, während der Therapie zu weinen. Wenn wir uns einer Energie anvertrauen, die uns durchströmt und ihr Werk tut, gibt es Momente, in denen es nichts gibt, das man kontrollieren müsste, und es ist gut, einfach alles laufen zu lassen, ohne irgendwelche Wertungen vorzunehmen.

Doch für mich ist Weinen, Schreien oder Aufregung nicht unbedingt ein Zeichen für Heilung.

Heilung hat keine Regeln und passt sich dem an, der davon betroffen ist und sie annehmen möchte. Die Heilung, über die ich hier ganz speziell spreche, betrifft die Gedankenformen und bringt uns mit etwas in uns selbst in Verbindung, das unsere Emotionen verwandeln und unsere kompulsiven Manifestationen transzendieren kann. Die Heilung von den Gedankenformen gibt uns Freiheit, und diese Freiheit bringt uns das Kennenlernen unseres Lichts, der einzigen Quelle, die *wirklich etwas weiß* und es uns endlich ermöglichen wird, wir selbst zu sein und zur Harmonie mit einem Teil von uns zurückzukehren, den wir bis zu jenem Moment verborgen gehalten hatten.

Zusammenfassend kann also gesagt werden, dass es nicht wichtig ist, ob sich die Person aufregt, Farben sieht, Stimmen hört, weint, zittert oder einschläft.

Schlimmstenfalls ist es nicht einmal wichtig, ob eine Person an das, was ihr Therapeut macht, glaubt oder nicht, auch wenn ich meine Zweifel habe, ob jemand zu einem Therapeuten geht, wenn er kein Vertrauen in ihn hat. Der Grund dafür liegt in der Tatsache, dass diese Art von Heilung weder eine Frage des Glaubens noch der Überzeugung ist.

Es ist eine Verwandlung, die da stattfindet und Heilung auf all unseren Existenzebenen ermöglicht. Die beste Einstellung scheint mir zu sein, gar nichts Besonderes zu erwarten. Das ist allein schon deshalb gut, weil dann die Vorstellungskraft des Geistes gar nicht erst zum Zuge kommt. Wenn eine Person ihre Krankheit kennt und sie unendlich oft beschrieben hat, wenn sie jedes Symptom davon kennt, jede auch noch so kleine Manifestation, dann kann die Vorstellungskraft des Geistes nicht im Hintergrund bleiben. Dann ist es der Verstand, der das Spiel anführt, mit all seinen Zweifeln und seinen Bedürfnissen, und so ein Hindernis aufbaut, das die Verwandlung unmöglich machen wird.

"Wenn ihr nicht werdet wie die Kinder, könnt ihr nicht in das Himmelreich eingehen", ist ein Satz der sehr viel größere Bedeutung hat, als man eigentlich glaubt.

Die Naivität des Kindes ist noch nicht vom Verstand verseucht und erlaubt häufig schnelle und spektakuläre Heilungen. Der normale Verstand der Menschen ist das, was im Augenblick unsere gesamte Entwicklungssphäre am meisten bremst. Im folgenden Kapitel werden wir sehen, wie der Verstand Hindernisse erschafft, von denen eines feiner als das andere ist, um noch ein Weilchen den "großen Verwandler" zu verschleiern, der unser Herz ist.

KAPITEL VI

Gedankenformen und Egregore

"Jedes Mal, wenn du aufgibst, fliegt deine
Lebensenergie ganz schnell von deinem Kör-
per weg und vereint sich mit einer gemeinen
Kraft, dem großen Egregor des menschlichen
Versagens, um so die Erde noch ein bisschen
mehr zu vergiften und dich noch ein bisschen
sicherer in deiner Negativität einzuschließen."

(Anne und Daniel Meurois-Givaudan,
Essener Erinnerungen)

"Was ist ein Egregor? Das ist in erster Linie ein Motor, eine Masse von Energie, die von allen gleichartigen Gedanken genährt wird, die auf der Erdoberfläche herumschwirren."*

Ich möchte an dieser Stelle gerne gemeinsam mit Ihnen die Reise einer Gedankenform verfolgen, weil es mir von entscheidender Bedeutung scheint, den Weg einer Gedankenform verstehen zu können. Denn wenn wir den Wirkungsprozess einer Gedankenform gut verstanden und assimiliert haben, können wir uns von ihr befreien. Ein Egregor hat kein Eigenleben, sondern wird nur durch die Gedankenform aller gespeist. Ich möchte Ihnen hier eine Erfahrung erzählen, anhand derer Sie den Vorgang besser begreifen werden.

---

* Anne und Daniel Meurois-Givaudan, *Christus und Buddha – Das Fest der Versöhnung*, Falk Verlag, Seeon 1996.

Simon

Eines Abends, als ich mich gerade außerhalb meines physischen Körpers befand, spürte ich, dass ich zum amerikanischen Kontinent gerufen wurde. Mit der Geschwindigkeit der Gedanken flog mein Seelenkörper also über Kontinente und Städte und verlangsamte den Flug schließlich in Höhe einer Gruppe von Häusern. Er zielte auf ein Reihenhaus wie viele andere. Nur der Briefkasten, der auch ähnlich wie alle anderen in der Straße war, ließ einen Namen erkennen: Simon R.

Am Horizont eines wolkenlosen Himmels brach der Tag schon an, als dieselbe Kraft, die mich an diesen Ort gelenkt hatte, mich in das Häuschen hineinversetzte. Ich gab mich damit zufrieden, da zu sein und zu beobachten. Innerhalb von wenigen Minuten hörte ich an einem Geräusch, das aus dem Schlafzimmer kam, dass es Zeit zum Aufstehen war. Ein klein gewachsener, italienisch aussehender Mann mit braunen Haaren kam noch sichtlich verschlafen aus dem Schlafzimmer heraus und ging in Richtung Badezimmer.

"Folge ihm einfach", sagte eine ruhige Stimme, "schau nur zu, was ihm im Laufe des Tages passiert."

Tatsächlich konnte ich eine Art graue Schleppe hinter ihm erkennen, ein langer milchig weißer Streifen, der aus ihm herauszukommen und ihm auch bei seinen kleinsten Bewegungen unbemerkt zu folgen schien.

Der Wecker, der genau auf sieben gestellt war, gab einen schwachen Vogelgesang von sich, einen Vogelgesang, der nichtssagend war und vor allem nicht im Geringsten an einen Vogel, sondern eher noch an einen Frosch erinnerte. Aus der grauen Schleppe kamen seltsame Luftblasen heraus, eine treue Übersetzung des Eindrucks, wieder einmal von einem skrupellosen Verkäufer von Weckern "übers Ohr gehauen worden" zu sein.

Die Stimme, die mich begleitete, sagte:

"Jeden Morgen läutet immer derselbe Wecker, und jedes Mal ärgert sich Simon über sich selbst, weil er sich so leicht von dem honigsüßen Gelaber von Verkäufern hinters Licht führen lässt. In Wirklichkeit wäre das alles nicht weiter wichtig und Simon könnte den Wecker, der für ihn zu einer Zwangsvorstellung geworden ist, einfach in den Mülleimer werfen. Aber nein, so einfach sind die Dinge eben nicht, denn 'übers Ohr gehauen werden' ist das Leitmotiv dieses Mannes, der sich der Vierzig nähert.

Das Leben von Simon ist eigentlich nicht schlecht, es ist nur etwas ziellos, mit einem x-beliebigen Job und Liebesgeschichten, die ihm, wenn sie überhaupt so genannt werden können, vor allem dazu dienen, sich nicht einsam zu fühlen. Ansonsten ist nichts Außergewöhnliches zu vermelden. Simon denkt, dass es den meisten Menschen im Großen und Ganzen so gehe wie ihm. Er hat keine Freunde, auch weil er misstrauisch ist. Vertrauen in jemanden zu haben oder gar Liebe für jemanden zu empfinden, bedeutet zu riskieren, wieder einmal 'übers Ohr gehauen zu werden'. Und es ist genau das, was ihn immer wirklich auf die Palme bringt. Er hat ständig das Gefühl, dass ihm die Leute Fallen stellen, um sein Vertrauen zu missbrauchen, um ihn 'hinters Licht zu führen'. Deshalb ist er immer in Abwehrhaltung. Verlier ihn jetzt aber nicht aus den Augen, und beobachte ihn!"

Die Stimme wurde immer drängender. Ich hörte auf sie und folgte Simon, der sich daran machte, aus dem Haus zu gehen, ohne sich vorher die Mühe zu machen, noch zu frühstücken oder die Rollläden hochzuziehen. Beim Einsteigen in sein Auto, um zur Arbeit zu fahren, machte er einen ruhigen Eindruck. Dann kam er in einen Stau aufgrund eines Verkehrsunfalls. "Das hat mir gerade noch gefehlt", murmelte Simon mit kaum hörbarer Stimme vor sich hin. Die Zeit verging, und die Autos kamen, eines eng hinter dem anderen, nur im Schritttempo voran. Simon schaute auf die Uhr, offensichtlich genervt über die Verspätung. Aus seinem Kopf kamen bunte Blasen heraus, die ihn langsam mit einer grauen Wolke umgaben, die von kleinen roten Punkten begrenzt war, den ersten Anzeichen für Ungeduld und Impulsivität. Diese Blasen tauchten auf und verdampften dann ziemlich schnell. Ich hatte gerade genug Zeit, um wahrzunehmen, dass sie zuerst eine Farbe hatten und dann eine andere, aber nichts weiter. Das waren die Gedanken von Simon, die sich in ihm und um ihn anhäuften, Gedanken, die nur eine begrenzte vorübergehende Wirkung haben. Manche von ihnen ziehen jedoch kleine witzige Wesenheiten an, die sich einen Spaß daraus machen, unsere Nervosität oder unser Ohnmachtsgefühl unter manchen Umständen noch zu steigern. Alles hängt zusammen, und es ist fantastisch, dies in unserem einfachen täglichen Leben beobachten zu können.

Was passiert da? Auf einer feinstofflicheren Ebene erzeugt die Nervosität kleine Gedanken, die eigentlich unwichtig sind, aber aufgrund eines elektromagnetischen Phänomens ätherische Wesen anziehen, die Spaß daran haben, mit der dichten Materie herumzuexperimentieren. Dank dieser so erzeugten Gedanken bedienen sich diese Wesen oder "Entitäten" der freigesetzten Energiematerie, um kleine Episoden zu erzeugen, die ihrerseits wiederum die Wirkung dieser Gedanken verstärken.

Ein Gedanke, der beispielsweise eine "Materie" vom Typ "ich bin genervt" enthält, wird dann benutzt, um kleine Ereignisse anzuziehen, die alle auf derselben Wellenlänge liegen. Auf diese Weise akkumulieren sich die nervigen Zwischenfälle allmählich. Uns ist immer noch in höchstem Maße unbewusst, wie ein einfacher Gedanke in anderen Dimensionen aus dichter und formbarer Materie zusammengesetzt sein kann.

Wie oft kommt es vor, dass wir sowieso schon in Eile sind und gerade in dem Moment die Ampel auf Rot springt, ein Fußgänger die Straße überquert, wenn wir eigentlich Grün hätten, wir eine Stufe übersehen … uns also alles Mögliche passiert, was uns noch mehr aufhält?

Doch ein Gedanke ist keine Gedankenform. Damit eine Gedankenform Gestalt annehmen kann, muss es, wie wir bereits gesehen haben, zu einem Zusammentreffen mit einem für uns wichtigen Ereignis kommen und zu starken Emotionen von unserer Seite. Damit diese Gedankenform weiterhin bestehen bleibt und sich ausdehnt, muss es in der Folge zu einer Wiederholung kommen. Das heißt, wir müssen in analogen Situationen wieder auf dieselbe Art und Weise reagieren.

Aber kehren wir zu Simon und seinen Gedankenformen zurück, die auf uns warten.

Sein Auto bog in eine Straße ein, in der wahnsinnig viel Verkehr herrschte, und wurde langsamer. Es wurde erkennbar, dass unser Freund einen Parkplatz suchte. Aber alle Parkplätze waren besetzt, was sein Gefühl der Ohnmacht nur noch weiter verstärkte.

"Heute läuft wirklich alles schief", knurrte er leise vor sich hin. Er parkte ganz schlecht, sprang aus dem Auto und stürzte auf eine Glastür zu, die in das Gebäude zu führen schien, in dem sein Arbeitsplatz war.

"Der Chef erwartet dich in seinem Büro", flüsterte ihm die blonde, etwas rundliche Sekretärin ins Ohr, die ein bisschen in ihn verliebt zu sein schien, und fügte hinzu: "Heute morgen ist er ganz schlecht drauf, sei darauf vorbereitet, dass er dir den Kopf wäscht."

"Das ist einfach nicht gerecht!" Das waren die Worte, die Simon durch den Kopf schossen und in ihm widerhallten. Und als er schließlich wieder aus dem Büro des Chefs herauskam, war er so wutgeladen, dass er kaum noch an sich halten konnte.

"Warum ausgerechnet ich? Das ist wirklich eine Ungerechtigkeit! Ich, der ich immer noch etwas länger bleibe, wenn alle anderen schon gegangen sind, und nie die Überstunden zähle! Du kennst mich! Du weißt es doch ganz genau!", rief er mit entnervter Stimme der jungen Frau zu, die am Empfang arbeitete und ihm zur Bestätigung nur ein schwaches Lächeln schenkte.

Während er sich in ein Zimmer begab, das wahrscheinlich sein Büro war, gingen von Simon dunkelrote Wellen aus, die wie bunte Fahnen aussahen.

Das Gefühl, ungerecht behandelt worden zu sein und "übers Ohr gehauen" zu werden, war allgegenwärtig. Verblendet von den Eindrücken, die ihn so störten, fing er an zu grübeln, wie er reagieren könnte. Er dachte sogar daran, seine Kündigung einzureichen, so groß war seine Wut, so übertrieben war sie hinsichtlich der Fakten. Und während er noch in einem Ordner herumstöberte und versuchte, sich dabei zu beruhigen, konnte ich immer noch die langen roten Bänder sehen, die weiterhin aus ihm oder besser gesagt aus seinem dritten Chakra herauskamen: Das waren Formen, die durch und durch von Wut erfüllt waren, die jetzt einen seltsamen Tanz begannen.

Sie bewegten sich von einer Person zur anderen, von einem Büro zum nächsten, und berührten kurz alle Menschen in dieser Firma, auch diejenigen, die keine Ahnung von dem Zwischenfall hatten, der sich gerade ereignet hatte. Dieser seltsame Tanz dauerte mehrere Minuten an, die aufgrund der vielen Reaktionen, die sich in der kurzen Zeit ereigneten, sehr viel länger erschienen: Als sie eine Sekretärin kurz berührten, hob sie ihren Kopf und dachte nach. Die rote Form hatte bei ihr wieder einen heiklen Punkt aktiviert. Sie dachte wütend an die aggressiven Worte ihres Ehemanns beim Frühstück heute morgen zurück. Sie würde ihn ja gerne verlassen, wenn sie nur den Mut und keine Angst vor dem Alleinsein hätte. Dann war da ein anderer Schlangenkopf, der ebenfalls auf der Jagd war und von derselben roten Form erzeugt wurde. Er erforschte einen Mann, der nicht zum Personal gehörte und gekommen war, um sich einen Kostenvoranschlag machen zu lassen. Er saß ganz ruhig da und wartete darauf, dass ihn jemand empfing. Dabei blätterte er in den extra zu diesem Zweck ausgelegten Zeitschriften und Illustrierten. Der Schlangenkopf kam ihm ganz nahe, schien auf der Suche nach etwas, was ihn ernähren könnte, an ihm zu schnuppern. Doch nach einigen Versuchen gab er es auf und zog weiter. Ganz offensichtlich hatte dieser Mann nichts mit diesem Wutgefühl zu tun, das von der Gedankenform ausgestrahlt wurde.

Ein junges Lehrlingsmädchen brach vor Nervosität in Tränen aus, kaum dass sie von dem Hydrakopf berührt worden war. Sie konnte ein Dokument einfach nicht mehr finden, sie hatte schon überall gesucht, aber es war alles umsonst ... Die Hydra ging das ganze Personal durch, eine Person nach der anderen, und zum Glück gab es in der Firma weder Pflanzen noch Tiere, denn mit Sicherheit wären sie dieser seltsamen Inspektion nicht entgangen. Die Schlangenköpfe kehrten schließlich zu ihrer Matrix zurück, aus der sie hervorgegangen waren, und das bizarre Ballett hörte auf. Es gab eine kleine Pause in einer Geschichte, die kaum begonnen hatte. Im Büro herrschte eine angespannte Atmosphäre, die kurz vor dem Explodieren schien. In der Zwischenzeit versuchte Simon, der sich all dieser von ihm erzeugten Dinge nicht bewusst war, vergeblich, zu seiner früheren Gelassenheit zurückzufinden, und dachte, dass heute wirklich alle ziemlich geladen waren.

Wenn Simon nur wüsste, und wenn wir alle nur wüssten, was geschehen kann, wären wir dann wohl verantwortungsbewusst genug, keine Situation wie diese mehr zu erzeugen? Das ist für mich immer noch eine offene Frage, über deren Antwort ich mir nicht sicher bin.

Die dunkelrote Masse, die gewaltbeladen aus dem dritten Chakra von Simon hervorgegangen war, war auch mit dem Bereich der Leber und der Gallenblase verbunden. Beim Herauskommen hatte sie eine Auraschicht ihres Schöpfers nach der anderen zerrissen und sich schließlich nicht weit von ihm, in der

Nähe seiner rechten Schulter festgesetzt. Von dort aus strahlte von dieser dunkelroten Form eine mit momentaner Wut besetzte Energie aus, die sich von ihm entfernte. Ich spürte, dass ich sie im Auge behalten sollte, es schien unbedingt nötig zu sein.

Ich verfolgte also diese destruktive Energie, hinter der ich mit atemberaubender Geschwindigkeit in einen Strudel des Nichtlichtes geriet. Ich fühlte mich brutal und extrem gewaltsam in ein Universum aus Schwarz und Rot hineingeschleudert, in dem ich das Gefühl hatte zu ersticken. Nach und nach hatte ich das Gefühl, dass die Schatten um mich herum in mich eindrangen und ich schließlich selbst zu diesem Universum wurde, so von Gewalt durchdrungen, dass ich mich darin verlor. "Triebe" war das Wort, das mir in den Sinn kam. Ich fühlte mich von Energien, *die nicht meine eigenen waren*, durchdrungen oder, besser gesagt, besessen. Dessen war ich mir noch bewusst, aber wie lange noch? Ich hatte Lust zu beißen, zu ermorden, zu erstechen, zu foltern und noch schlimmere Sachen zu tun, und ich hatte Lust, meine Verzweiflung, meine Rache hinauszuschreien. Ich wusste, dass ich nicht diese Energien bin, aber trotzdem war es ungeheuer schwer, sich nicht mit diesen gefräßigen Ungeheuern zu identifizieren, die unsere Hoffnung und Identität einfach verschlingen! Ich spürte, wie sie sich meiner bemächtigten, mal waren sie außerhalb von mir und mal in mir. Sie kamen mich dort suchen, wo ich nicht wollte, dass sie hinkamen. Sie waren wie Kraken mit tausend Tentakeln, die das kleinste Leck bei uns wittern, unsere Schwachpunkte spüren, die Punkte, in denen wir in Einklang mit ihnen sind. Und ich merkte, dass ich allmählich jegliche Struktur verlor und sich in mir nach und nach Angst ausbreitete. Wenn ich so weiter machte, würde ich mich mit einem Schlag in meinem physischen Körper wiederfinden, und dass war nicht der Sinn der Übung ... Jetzt verstärkte sich der Druck, wurde doppelt so groß, die Angriffe saßen, Zweifel überkamen mich, und ich fragte mich, ob all dieser Hass letztes Endes nicht doch auf mich selbst zurückging.

In mir und um mich herum dröhnte eine so intensive Wut, dass ich nur noch eines wollte: sie herauslassen und auf alles und jeden entladen, der mir in die Quere kam. Ich hatte über nichts mehr die Kontrolle, bettelte und wartete ab. Das Übelkeitsgefühl wurde immer stärker, und wenn ich so weitermachte, könnten hier auch meine Lichtkörper draufgehen, die inzwischen sowieso nur noch aus Schatten bestanden. Das war wenigstens das, was ich wahrnahm … Schreckliche Gesichter, verzerrte Fratzen, die immer in dem Nebel um mich herum auftauchten, abgetrennte Gliedmaßen, die im Gestank dieser Umgebung herumschwammen, Folterinstrumente, die auftauchten und wieder verschwanden, Hass- und Schmerzensschreie, die diesen Ort erfüllten.

Ich hatte die Nase voll, ich wollte nicht mehr bleiben. Mein physischer Körper rief mich, und ich spürte, dass ich mich bald entfernen würde. Aber ich wollte diese Energien nicht mit mir mitnehmen.

Da tauchten in mir die Worte eines meiner Lichtmeister auf:

"Der Teufel ist nichts anderes als ungebremste Energie, die von Formen mit aufgelöster Lebensenergie erzeugt wird, die auf der Suche nach Leben sind. Es ist die unförmige Masse aus Hochmut und Angst, die jeder von uns als Feuerteilchen sät und nährt und die jedem von uns, dem einen mehr, dem anderen weniger, auf dem eigenen Weg in die Freiheit wiederbegegnet."

Ein Licht machte sich in mir breit, ein Licht und eine Stimme, die wie Balsam etwas Frieden in meine Seele brachte:

"Du befindest dich in dem von der Wut der Menschen auf dieser Erde genährten Egregor. Er ist nur eine Art Luftballon, der sofort in sich zusammenfallen wird, sobald du aufhörst, ihn zu fürchten und gegen ihn anzukämpfen. Höre auf, Widerstand gegen ihn zu leisten, denn dadurch machst du ihn zu etwas Realem. Erkenne ihn als das an, was er ist: eine Energiemasse, die, sobald sie nicht mehr genährt wird, genauso schnell wieder verschwindet, wie sie gekommen ist. Sie wird für deine Augen verschwinden, während sie weiterhin für all diejenigen weiterwirkt, die sie noch nähren."

Sofort spürte ich, wie etwas in mir aufhörte zu kämpfen und sich entspannte.

Da war ich wieder außerhalb der Kugel und zurück in meinem physischen Körper, der mich erwartete. Alles war sehr schnell gegangen, und die Menschen-Zeit kam mir wieder einmal völlig unecht vor. Ich werde mir dessen immer mehr bewusst, jedes Mal, wenn ich eine außerkörperliche Erfahrung hatte, in der Raum und Zeit anders bemessen sind. Die Zeit ist eine psychologische Dimension unserer Welt und unseres Kosmos. *Es gibt Zeit-*

Kilometer, die in enger Verbindung zu der Geschwindigkeit eines in diese Welt entlassenen Gedankens stehen.

Der Ort, an dem ich war, glich der Hölle von Dante, und vielleicht ist es genau das, was er gesehen und beschrieben hat.

Ich wollte erst einmal nicht mehr in diesen Egregor zurückkehren, den ich gerade verlassen hatte. Deshalb wartete ich geduldig einige Stunden ab, bevor ich wieder aufgerufen wurde, meinen Körper zu verlassen. Es ist ein Aufruf, der dringlich erscheint und gegen den es keine Widerrede zu geben scheint. Ich verließ also meinen Körper ohne eine andere Absicht, als die, den Weg der Gedankenformen besser erklären zu können.

Unter unserem sternenübersäten Himmelszelt mit seinen paar einsamen Wolken wissen nur wenige, dass es hier auch andere Lebensformen gibt, die denselben Raum wie wir einnehmen, aber auf einer anderen Bewusstseinsebene. Es gibt so viele Lebensformen, die wir zwar mit unseren physischen Augen nicht sehen, die aber trotzdem präsent und aktiv sind und sich über unsere Blindheit lustig machen!

Formen gibt es Hunderte, ja Tausende. Ich bin zwar nicht in der Lage, sie zu zählen, aber ich sehe und spüre sie. Ich bin nur ein kleines Bewusstseinspünktchen, das in einem ungeheuer großen Universum, in dem alles in Bewegung ist, beobachtet. In mir ist eine Stimme, die mich führt und lehrt:

"Die Egregore der Menschen auf der Erde wirken in dem Maße, wie sie genährt werden. So hat es also die von Simon erzeugte Gedankenform der Wut ermöglicht, dass ein Teil von ihrer Energie zu dem Egregor der Wut und Gewalt zurückging, der sich wiederum davon nährt und damit sein Wut- und Gewaltpotenzial verstärkt. Komm, folge mir!"

Ich sah niemanden, folgte aber einer Art unsichtbarem Faden in eine Richtung, in die sich mein Lichtkörper bewegte. Dort unten auf der Erde erwartete mich ein kleines Dorf.

Es war ein typisch französisches Dörfchen auf dem Land mit einem Glockenturm in einem Tal umgeben von Weinbergen.

Mit meinem Seelenkörper ließ ich mich auf ein Häuschen mit rotem Ziegeldach zugleiten. Alles war ruhig in dieser Szene im frühen Morgengrauen auf dem Land. Doch da wurde die Tür von innen gewaltsam aufgerissen. Ein etwa fünfzigjähriger Mann kam herausgestürmt, dem ein junger Mann von etwa zwanzig Jahren folgte. Man sah sofort, dass sie stritten, die Diskussion war erhitzt, die Stimmen wurden laut, Gewalt kam mit ins Spiel. Ich wusste nicht, worum es ging, aber die Spiralen, die ich aus beiden aufsteigen sah, ließen keinen Zweifel über die gegenseitigen Gefühle. Die beiden wurden immer aggressiver, und da sah ich plötzlich, wie sich diese vielköpfige Form, die Simon in Tausenden von Kilometern Entfernung erzeugt hatte, auf sie zubewegte. Was machte die denn da?

Sie war nicht die einzige, viele andere schreckliche Formen folgten ihr und eilten ihr dann voraus. Sie verstrickten sich fest mit den Energien, die die beiden Männer abgaben, als wollten sie mit ihnen verschmelzen. Dann schienen sie plötzlich, ohne dass ich begriffen hätte warum, den jüngeren Mann vorzuziehen. Sie umkreisten ihn, und langsam sah ich, wie ein destruktiver Zorn sich seiner bemächtigte. Er konnte nicht mehr an sich halten, rannte wahnsinnig schnell ins Haus und kehrte sofort mit einem blitzenden Gegenstand in der Hand zurück. Die Form des Gegenstands wurde nun klar erkennbar, und ich war wie vor den Kopf gestoßen: "Aber nein, das ist doch nicht möglich, er wird ihn doch jetzt nicht mit diesem Messer umbringen!"

Von dem Ort aus, wo ich war, wusste ich nicht, was ich tun sollte, so dass ich schließlich mit allen Kräften, die ich zusammenraffen konnte, Gedanken des Friedens aussandte. Ich sah, wie sich meine Gedanken zu den beiden Männern hinbewegten, doch sie erreichten sie nicht ganz. Sie wurden von anderen roten Wellen gebremst, die sie am Vorwärtskommen hinderten. Alles ging ganz schnell, und plötzlich merkte ich, dass ich zusammen mit meinen friedlichen Gedanken gleichzeitig Energien des Zweifels erzeugte, die meinen Eingriff behinderten.

Genau in jenem Moment vermischten sich andere Wellen mit meinen und verstärkten die ersten Gedankenformen, die ich mit so viel Kraftaufwand ausgesandt hatte. Die Stimme in mir wurde jetzt zärtlicher:

"Keine Angst, es sind auch noch andere Gedankenformen am Werk, die von anderen Egregoren ausgehen. Diese werden von der Liebe erzeugt, die diese beiden Wesen über jede Meinungsverschiedenheit hinaus miteinander verbindet. Durch ihre Energie ziehen sie andere, gleichartige Gedankenformen an. In Wirklichkeit haben sich Vater und Sohn gern, was wiederum ein Netz aus Lichtfäden aufkommen lässt, die von dieser Liebe erzeugt werden."

Nach Minuten, die mir unendlich lang vorkamen, rollten die beiden Männer ineinander verkrallt auf dem Boden herum, und der Jüngere gewann plötzlich die Oberhand. Sie waren von Gedankenformen umgeben, und die lichtvollen schienen gegen die dunklen anzukämpfen. Und da ereignete sich das "Wunder". Mit einem Mal hielt der junge Mann einen Moment inne, schaute das Messer an, das er in der Hand hielt und warf es in hohem Bogen weg, als ob er Angst vor diesem Gegenstand hätte, als sähe er ihn zum ersten Mal. Er schaute seinen Vater an, der auf dem Rücken unter ihm lag, und mit einer wütenden Bewegung, die dieses Mal gegen sich selbst gerichtet war, stand er auf und brummte dabei:

"Ich bin wirklich ein Idiot. Vergib mir, wenn du kannst." Und dann ging er schwankenden Schrittes weg und verschwand im nächsten Wald.

Die Wut und Gewalt, die die Gedankenform begleitet hatten, hatten sich wie von Zauberhand aufgelöst und um den älteren Mann, der jetzt aufstand und sich in Gedanken versunken mechanisch den Staub von den Kleidern abklopfte, blieben nur ruhige Schatten übrig, die wieder den Äther um ihn herum zusammenzuweben schienen.

Hier hatte ich nichts mehr verloren, und so kehrte ich zu meinem physischen Körper zurück, der mich geduldig erwartete.

Ich dachte nach. Und wenn diese beiden nun durch keine Zuneigung miteinander verbunden gewesen wären? Hätten dann diese Gedankenformen der Liebe ebenfalls die Oberhand behalten?

Ich weiß, dass jetzt einige von Ihnen an der Wahrheit der Dinge zweifeln werden, die ich hier aufgeschrieben habe. Und doch ist es an der Zeit, dass wir die Augen aufmachen, wie wir auch im Kapitel über die Manipulation der Gedankenformen noch sehen werden, und begreifen, was eine Gedankenform erzeugen kann und über welche Verbindungen wir alle miteinander über die Zeit hinaus verbunden sind. Auch wenn wir weiterhin all diese Dinge ignorieren, wird es andere geben, die sie nicht nur nicht ignorieren, sondern auch benutzen, um uns zu unterwerfen, um aus uns auf unsere Kosten ihre Untergebenen zu machen, ohne dass wir es bemerken.

Mutter Teresa von Kalkutta hat diese Energie zwar nicht "Gedankenform" genannt, weil ihr dieser Begriff nicht vertraut war, aber sie kannte auf ihre Weise ihren Einfluss. Sie hat deshalb eine ungemein wirksame, ganz besondere Technik angewandt: Sie bat die Kranken und andere Personen, die ans Bett gefesselt waren, aber trotzdem zur Sache etwas beitragen wollten, als "Paten" für eine der Schwestern ihres Ordens zu fungieren. So war jede Schwester mit ihrem Paten oder ihrer Patin über die Gedanken oder liebevollen Briefe der Unterstützung verbunden, die sie ihr übermittelten. Als ich Mutter Teresa und ihre Schwestern traf, sagten alle einstimmig, dass diese Hilfe in Form von Gedanken aus der Ferne ihre Arbeit außerordentlich erleichtere: Sie seien weniger erschöpft, mutiger und gelassener ...

Wir sind nicht "schuldig an unseren Gedanken", aber *verantwortlich für das, was wir erzeugen*. Solange wir uns dessen nicht bewusst sind, überlassen wir uns willenlos diesem Spiel der Energien, die wir so weit entfernt von uns glauben und uns nicht einmal vorstellen können. Doch wenn wir wüssten, wie oft wir zu Kriegen, Hungersnöten, Zerstörungen jeder Art und jeden Ausmaßes beitragen, wären wir die ersten, die darüber bestürzt wären. Es sei damit klar gestellt, dass es nicht ausreicht, Geld zu spenden, um dem makabren Spiel, das sich heute auf unserer Erde abspielt, eine andere Wendung zu geben.

KAPITEL VII

Gedankenformen und Verantwortung

"Dank eurer Gedanken könnt ihr selbst zu Schöpfern werden. Denn diese Gedanken haben in dieser und später in anderen Welten die Aufgabe, die Materie umzuwandeln und sie damit als Maßstab des Geistes zu erschaffen."

(Anne und Daniel Meurois-Givaudan, Vom Geist der Sonne)

Nun ist der Moment gekommen, um über unsere Verantwortung in Bezug auf alles, was in der Welt passiert, zu sprechen. Der Einfluss der Gedankenformen über die Egregore, die sie teilweise nähren, stellt eine Verbindung zu allem her, was auf der Welt passiert. Und wenn ich "alles" sage, so ist das nicht bloß eine Redensart. Keine Gedankenform geht verloren, nicht einmal ein einfacher Gedanke, der ausgesandt wird. Alle nähren und verstreuen Samen, von deren Wachstum wir sehr häufig nichts mitbekommen.

"Eure Gedanken bilden eine Welt, deren Schöpfer ihr seid. Die Gesamtheit der Gedanken aller Menschen erzeugt damit ein wahres Universum, das sehr einer Galaxis gleicht mit ihren Sonnen, Planeten, verglühten Sternen, Kometen, ihrem Sternenstaub und jener Leere, die keine ist", lehrte uns unser Lichtführer in Syrien*. Ein Krieg, wo immer er auch stattfindet, wird von unseren kriegerischen, nicht transformierten Energien genährt. Auch der Diktator, der über ein bestimmtes Land regiert, wird von uns

---

* Anne und Daniel Meurois-Givaudan, *L'incontro con Lui*, Amrita, Turin 1990.

in die Befehlsposition erhoben, von jenem anderen "Diktator", der sich in uns bei der geringsten Gelegenheit als Chef aufspielt.

Dieser kleine Despot erzeugt ständig "diktatormäßige" Gedankenformen, die durch ihre Akkumulation im Egregor der Intoleranz enden werden, die für die Entstehung von Diktaturen so förderlich ist.

"Jedes Mal, wenn auf dieser Erde jemand umgebracht wird, haben wir alle zu seiner Hinrichtung beigetragen, sind wir alle Komplizen. Es ist die Summe des bösartigen oder verhärteten Verstands von uns allen, welche die Kraft erzeugt, die schließlich den Arm des Vollstreckers nähren wird."*

Seien wir ehrlich zu uns selbst: Wie viel Mal am Tag oder in der Woche zeigen wir uns intolerant gegenüber anderen, aber auch gegenüber uns selbst? Achten wir nur einmal auf all die Momente, in denen wir von anderen oder von uns selbst mehr verlangen, als wir zu geben imstande sind. Wie oft verhalten wir uns hart und unnachgiebig gegenüber uns selbst, nur um anerkannt und geschätzt zu werden oder einfach um uns wertvoll, geschätzt, unersetzlich oder einfach geliebt zu fühlen? Wie oft begehen wir Verrat an anderen oder an uns selbst, indem wir Dinge verlangen oder akzeptieren, die im Gegensatz zu dem stehen, was wir wirklich sind?

Ich rede hier nicht von "Launen oder Impulsen", die uns eine Pseudo-Freiheit vorspiegeln, sondern einfach von "Liebe und Achtung" gegenüber dem, was wir sind und was die anderen sind, jene "anderen, die sind wie wir" und die wir so gerne und häufig ignorieren.

Auch die einfachsten Elemente, die wir ausstrahlen, werden genau nach dem eben beschriebenen Schema transformiert und wieder verwendet: **Jede unserer Handlungen wird von einem Egregor gespeist. Jeder unserer Gedanken, der mit starken Emotionen einhergeht, erreicht einen Egregor, der wiederum andere Aktionen erzeugt**.

Das geht immer so hin und her, und es geht nicht darum, über dieses Geschehen zu urteilen. Es handelt sich einfach um ein Phänomen feinstofflicher Physik, das an sich weder gut noch schlecht, weder gerecht noch ungerecht ist.

---

*   Anne und Daniel Meurois-Givaudan, *Im Lande Kal*, Heyne, München 1995.

Doch wenn wir über dieses Wissen, wie die Dinge laufen, verfügen, haben wir die Freiheit zu handeln. Wir haben jetzt neue Karten in der Hand, und es liegt an uns, darauf zu achten, was sie zu bieten haben.

Wir sind verantwortlich für die psychische Verschmutzung unseres Planeten und damit auch für das Verstopfen seiner wichtigsten Energiekanäle. Auf der materiellen Ebene bedeutet das mehr physische Verschmutzung, mehr Erdbeben, mehr Naturkatastrophen und Überschwemmungen, mehr Klimaveränderungen, mehr Gewalt und mehr Kriege.

Ob wir nun gläubige Menschen oder Atheisten sind, Skeptiker oder glühende Verteidiger der Menschlichkeit, wir können den Einfluss, den Gedanken, Worte und Werke auf uns, auf die Erde und auf andere haben, nicht ignorieren.

Die Kindheit, die hier auf der Erde als ein Segen angesehen wird, hat lange genug gedauert. Es ist an der Zeit, mit Erwachsenen zu tun zu haben, nicht Erwachsenen aufgrund des Alters ihres Körpers, sondern wegen der Reife und des Verantwortungsbewusstseins ihrer Seele.

Die Erde ist der einzige Planet des Sonnensystems, auf dem die vernunftbegabten Wesen eine so kurze Lebensdauer und eine so lange Kindheit (oder besser gesagt Unreife) haben. Es ist nicht wichtig, ob Sie das, was ich zu sagen habe, ernst nehmen oder nicht. Ich weiß, dass heute die Existenz anderer Lebensformen auf anderen Planeten nicht allgemein bekannt gemacht wird und dass es einen guten Grund dafür gibt. Wenn diejenigen, die darüber auf dem Laufenden sind, dieses Wissen allen zugänglich machen würden, würden sie damit einen Teil ihrer Macht über die Erdenbewohner verlieren. Und das kommt ja nun wohl wirklich nicht in Frage!

Sie machen uns also bewusst glauben, der Nabel der Welt, die Einzigen zu sein. Das ist ebenfalls wieder eine unreife Handlung, die sich auf unseren Machtlosigkeits- und Minderwertigkeitskomplex stützt.

Wir haben jetzt lange genug diese Dogmen akzeptiert, die uns schwach und schuldig gemacht haben. Es ist an der Zeit, dass wir uns innerlich erheben und "Ja" sagen zur *Verantwortung* und "Nein" zu den *Schuldgefühlen*.

Dieser Schritt, der die Menschen näher zu sich selbst bringen wird, wird es jedem von uns möglich machen, aus dem "Opfer/Täter"-Schema auszubrechen und in eine sonnige Realität überzugehen, in der das Bewusstsein jeder Geste offensichtlich werden wird.

Eine Übung für uns selbst

Um uns besser kennen zu lernen und besser zu verstehen, wie wir funktionieren, schlage ich Ihnen folgende Übung vor:

Tragen Sie einen ganzen Tag lang, vom Aufstehen bis zum Ins-Bett-gehen, ein Blatt Papier und einen Stift mit sich herum, egal was Sie tagsüber tun. Beschränken Sie sich darauf, ohne Kommentare und Urteile, alle Gelegenheiten aufzuzeichnen, in denen Sie Intoleranz gegenüber sich selbst oder einer anderen Person an den Tag legen.

Es kann ja sein, dass Sie sich des Mini-Despoten in sich selbst überhaupt nicht bewusst sind, aber passen Sie auf ... Achten Sie darauf, ob Sie in Gedanken, Worten und Werken sich selbst oder andere respektieren und aufgrund dessen achten, was sie sind.

Es kann sein, dass Sie zusagen, eine Sache zu erledigen, aus dem einzigen Grund, weil Sie den anderen "eine Freude machen wollen", oder dass Sie sich selbst viel mehr zumuten, als Ihre Widerstandskraft Ihnen im Moment eigentlich erlauben würde. Seien Sie einfach ehrlich, und urteilen Sie vor allem nicht über sich selbst und andere.

Dieser kurze Blick nach innen ist außerordentlich nützlich, um unseren "inneren Despoten" kennen zu lernen und ihn auflösen zu können.

KAPITEL VIII

Gedankenformen und Krankheits-Egregore

"Unsere Reden werden schnell doppelzüngig,
wenn sie sich von ihrem eigenen Spiel ver-
führen lassen."

(Anne und Daniel Meurois-Givaudan,
Im Lande Kal)

Es ist unglaublich wichtig, den Patienten nicht in den Namen einer Krankheit einzuschließen!

Die Bedeutung dieses Punktes hat sich für mich als Therapeutin beim Lesen der feinstofflichen Ebenen offenbart: Wenn wir einer Krankheit, sei sie nun physisch oder psychisch, einen Namen geben, schließen wir damit den Patienten in einen engen Rahmen ein oder stellen eine Verbindung zu dem Egregor her, der dem ausgesprochenen Namen entspricht.

Nehmen wir beispielsweise das Wort "Krebs". Schon allein dieses Wort "Krebs" reicht aus, um die Person, der diese Diagnose eröffnet wird, sofort mit dem Egregor der Angst, der Arbeitsunfähigkeit, des Todes in Verbindung zu bringen, der genau mit diesem Begriff assoziiert ist.

Beim Auralesen kommt es also vor, dass ich nicht nur sehe, wie sich die Aura je nach Diagnose zusammenzieht, sondern sogar unfreiwillig versuct, ihr zu entsprechen, um mit dem übereinzustimmen, was da gesagt worden ist. Natürlich ist es möglich, das Problem des Auralesens zu umgehen, doch der Einfluss dessen, was der Therapeut glaubt, zusammen mit dem, was der Patient glaubt, verlangt nach einer klaren Sicht der Dinge, nach einer totalen Transparenz.

Viele, die die Aura, Farben und bisweilen auch Bilder um eine Person sehen können, glauben, dass das allein schon ausreichend sei. Aber das ist eben erst der Anfang der Übung. Zum Auralesen braucht man keine besondere "Technik" oder ein spezielles "Know-how". Man muss einfach "sein können", und das kann Ihnen niemand beibringen.

Durchlässig sein, ohne dass unser Wille eingreift, den anderen lieben, uns in den anderen hineinversetzen, all das ist keine Sache, für die wir eine Lehre machen müssen. Sie können das ein ganzes Leben lang studieren und dazu noch außergewöhnliche Fähigkeiten haben, aber das reicht nicht aus, um eine Aura und das, was Sie darin sehen, korrekt zu interpretieren. Hingegen ist es möglich, dass Sie gleich wissen, um was es sich handelt, denn es ist keine Frage der Zeit, es ist eine Frage des Loslassens und des Willens. Nicht des Willens, der uns sagen lässt: "Ich will", sondern jenes Willens, der Tag für Tag weiter daran arbeitet, sich in der Flamme der Liebe weiterzuentwickeln und seinen Blick mit Hilfe dieses Feuers zu schärfen, damit dieser nicht bewertet oder urteilt, sondern einfach nur liebt. "Innere Disponibilität und keine Erwartungen" sind die Schlüsselwörter, um diese Türe zu öffnen.

Ich möchte hier jedoch auch diejenigen zur Achtsamkeit aufrufen, die meinen, sich ausschließlich auf ihre Intuition verlassen zu können, denn auch in diesem Fall gibt es eine kleine Falle: Die Intuition, auf die wir uns verlassen, ist häufig mit sehr viel Emotionalität verbunden, unserer Emotionalität, und da es in diesem Fall um uns als Therapeuten geht, kann sie unsere Effizienz, die wir an den Tag legen wollen, direkt beeinflussen.

Die erste Aufgabe eines Therapeuten, der die Aura anderer Menschen lesen und mit den feinstofflichen Ebenen arbeiten will, besteht darin, seine eigene Emotionalität und seine Erwartungen umzuwandeln, weil diese sonst immer die Oberhand behalten werden.

Emotionalität ist ein ganz schlechter Dolmetscher, der häufig beim sprachlichen Ausdruck Dinge verzerrt, die wir nur mit den Augen der Seele sehen. Der Prozess des Auralesens kann wirklich erst dann beginnen, wenn der Therapeut zwischen dem, was er sieht, und dem, wie er es übersetzt, zu unterscheiden beginnt. Bevor es jedoch so weit ist, empfehle ich denjenigen, die diesen therapeutischen Weg einschlagen, immer, sich darauf zu beschränken, einfach zuzusehen, was passiert, ohne es gleich deuten zu wollen. Auf einem so feinstofflichen Gebiet ist der gute Wille allein wirklich unangebracht und reicht nicht aus. Denn genau in jenem Moment ist das Wichtigste, dass wir zur Seite treten, Platz lassen und uns nicht in den Vordergrund drängen. Wie schwer es doch ist, einfach "loszulassen", ohne in irgendeiner Form doch noch einzugreifen, wenigstens ein bisschen!

Der therapeutische Moment ist heilig. Das ist der Raum, in dem die Verschmelzung, die Kommunion zu Stande kommt zwischen dem, was in uns am erhabensten ist, und dem, was im Patienten am erhabensten ist. Damit es zu dieser Kommunion kommt, damit diese Transmutation stattfindet, darf sich nichts einmischen … Weder Wünsche noch Erwartungen, einfach gar nichts! Das Ergebnis ist dabei nicht wichtig, da letztendlich nicht wir es sind, die den anderen heilen: "Ich behandle dich, und Gott heilt dich", sagte der berühmte Chirurg Amboise Paré immer.

Wir können dem Patienten nur den *Zustand* mitteilen, in dem wir uns befinden, und ihm so die Gelegenheit geben, diesen Gott in sich selbst zu finden, der das verwandeln wird, was ihn zu ersticken droht. In jenem Moment sind Sie und Ihr Patient eins. Der Abstand, der die Welten und die Menschen voneinander trennt, ist in Wirklichkeit immer nur ein innerer Abstand.

Und jetzt kehren wir zu den Worten zurück, zu den Namen der Krankheiten, die, sobald sie einer bereits geschwächten Person mit wenig Schutzmechanismen mitgeteilt werden, deren feinstoffliche Körper mit einer destruktiven Wirklichkeit verbinden.

Ich möchte damit nicht sagen, dass die Wörter abgeschafft gehören, aber solange die Diagnose noch nicht sicher ist und vor allem, wenn man über energetische Medizin spricht, sind solche Eingrenzungen und Etikettierungen nichts anderes, als wollte man eine Person in einen Käfig stecken, aus dem es ihr noch schwerer fallen wird, wieder auszubrechen.

Wenn wir Therapeuten unter uns oder mit Personen, die diese Ausbildung machen, üben, gibt es häufig ungeschickte Menschen darunter, die meist nur die besten Intentionen haben, aber alles, was sie sehen, mit einem Etikett, d. h. mit einem Namen, versehen müssen. Wie ich schon sagte, blockiert sich dann die Aura auf den feinstofflichen Ebenen und lässt manchmal nur das durchscheinen, was wir vorzufinden erwarten.

Beispielsweise kann eine Diagnose auf Schizophrenie eine Aura tagelang blockieren. Dann wird es schwierig, beim Auralesen weiter in die Tiefe zu dringen, und manchmal muss man dann ein bis zwei Wochen warten, bis ein neues Treffen stattfinden kann, vor allem eines, das tatsächlich etwas bringt.

Die Therapien der Essener heilen nicht das Symptom, die Krankheit, das Unwohlsein, sondern das menschliche Wesen als Ganzes. Und unser Ziel ist es, ihm dabei zu helfen, selbst mit seinem eigenen außerordentlichen Potenzial wieder Verbindung aufzunehmen. Damit es dazu kommt, müssen keine schrecklichen Aussagen wie: "Wenn du so weiterlebst, wirst du noch Krebs bekommen" gemacht werden, und auch keine eindringlichen Behauptungen wie: "Ich sehe Risse in deinen feinstofflichen Körpern, in die negative Wesenheiten eingedrungen sind." Denn das könnte man auslegen als: "Nur gut, dass du zu mir gekommen bist, denn so kann ich endlich dein Problem für dich lösen."

Das ist etwas, was ich im Allgemeinen als "Machtmissbrauch" bezeichne. Sich unentbehrlich zu fühlen und dem Patienten eine Unmenge von Informationen zu geben, die er weder in der Lage ist zu verdauen noch zu überprüfen, dient nur einer Sache: der Selbstzufriedenheit des Therapeuten. Natürlich nehme ich Abstand von einer solchen Machtübernahme, die manche Therapeuten praktizieren, so menschlich sie auch sein mag und egal ob sie sich dazu der Schulmedizin, der spirituellen oder der energetischen Medizin bedienen. Das ist eine Haltung, die überhaupt nicht von der angewandten Therapie abhängt, denn die Sprache, die von jeder dieser Richtungen benutzt wird, ist für einen Neuling gleichermaßen geheimnisvoll. Je mehr unverständliche Begriffe zur Beschreibung gegenüber den Normalsterblichen benutzt werden, desto größer ist die ausgeübte Macht.

Ob man nun den Patienten mit Informationen überschwemmt, mit denen er nichts anzufangen weiß, außer vielleicht seinen begriffsbegabten Verstand zu nähren, oder ob man sich hinter einem bestimmten Vokabular versteckt, weil man denkt, der Patient verstehe ja sowieso nichts, scheint mir dasselbe zu sein und kommt auch auf dasselbe raus: Unfähigkeit.

Wenn ich beispielsweise etwas Dunkelrotes auf einem Organ oder auf einer feinstofflichen Ebene sehe, kann ich mir zwar denken, dass es sich vielleicht um einen Krebs handelt (denn es ist genau das, was man sieht, wenn ein Organ von Krebs befallen ist), nichts gibt mir jedoch die Berechtigung, die Sache auch mit diesen Begriffen auszudrücken. Stattdessen kann ich einfach sagen: "Ich sehe einen Fleck von dieser Farbe auf diesem Organ. Das ist ein krankes Organ, sehen wir also nach, was die Gedankenform ist, die die Quelle für diese Schwächung ist."

Das ist für mich ganz entscheidend, denn auch ein Organ, bei dem ein Tumor entfernt wird, wird solange nicht geheilt, bis die Gedankenform, die der Ausgangspunkt für dieses Problem ist und die mit diesem Organ verbunden ist, nicht verstanden, verdaut und tranzendiert wird. Im Falle einer sog. "schweren" Krankheit, wird die Heilung hingegen vollständig sein, sobald die Gedankenform transformiert und aufgelöst wurde. Oder sie könnte es zumindest sein, wenn der physische Körper noch die Kraft und Mittel dazu hat.

Es kommt nämlich immer wieder vor, dass bestimmte, nicht diagnostizierte "Krebsformen" spontan heilen. Dass sie vorgelegen haben, merkt man dann erst nach einer Autopsie. Beispielsweise hat die amerikanische Armee Autopsien bei Soldaten, die im Krieg gefallen sind, und bei Unfallopfern im Straßenverkehr vorgenommen und ist dabei darauf gestoßen, dass es Fälle (in ausreichender Zahl, um Erwähnung zu finden) gab, bei denen spontan geheilte Krebsarten festgestellt wurden. Diese Menschen hatten niemals auch nur den Verdacht gehegt, diese Krankheit zu haben.

Wir alle produzieren krebserregende Zellen, die dank unserer natürlichen Abwehrkräfte wieder verschwinden, ohne dass wir es überhaupt merken.

In der weiter oben beschriebenen Fallgeschichte verletzt die Gedankenform die Auraschichten von Simon und siedelt sich schließlich nicht weit von seiner rechten Schulter an. Da diese Gedankenform vom dritten Chakra und von der Leber-Bauchspeicheldrüsen-Zone ausgeht, wäre zu erwarten, dass Simon eine gewisse Zeit lang unter Schmerzen an der rechten Schulter leidet und vielleicht unter Kopfschmerzen aufgrund des Leber-Bauchspeicheldrüseneinflusses. Und tatsächlich hat Simon Kopfschmerzen und ihm tut die rechte Schulter weh. Es ist jedoch interessant zu wissen, dass dieses Problem weder vom Kopf noch vom Arm ausgeht, sondern vom dritten Chakra und von den Gedankenformen, die er vor langer Zeit ausgestrahlt hat.

Wenn wir die Funktionsweise einer Gedankenform begreifen und wissen, was uns belastet, kann bereits ein kleiner Teil der Transmutation stattfinden. Entscheidend ist dabei, wie wir auch im Folgenden noch eingehender sehen werden, die Liebe: die Eigenliebe, die Nächstenliebe und dass wir das Leben lieben!

Die Macht, die ein Therapeut hat, besteht nicht darin, die Gesundheit wiederherstellen zu können, denn er ist mit Sicherheit nicht derjenige, der die Karten für das Spiel des Lebens in der Hand hält. Seine einzige Macht besteht darin, den Menschen, die sich an ihn um Hilfe wenden, wieder auf den Weg ihrer eigenen Heilung zurückzuhelfen. Das Wort "Weg" ist eigentlich auch wieder nicht genau das richtige. Denn "wenn wir von Weg reden, reden wir damit gleichzeitig wieder von Zukunft. Und auch dieser Begriff ist letztendlich nichts anderes als eine Illusion, denn der Schlüssel liegt in der ewigen Gegenwart."*

---

*   Anne und Daniel Meurois-Givaudan, *Die Reise nach Shambhala*. Falk Verlag, Seeon 2001.

KAPITEL IX

Gedankenformen und frühere Leben

"Nehmt das, was aus der Vergangenheit kommt, nur wie einen 'Vorschlag' an, d. h. wie eine Ausgangsbasis zum Nachdenken, die immer noch Fehler enthält ... Und das nur, um endlich die Dinge auf den Punkt zu bringen und aufzuhören, euch immer weiter im Kreis zu drehen."

(Anne und Daniel Meurois-Givaudan, Vom Geist der Sonne)

Wir ziehen immer das an, was uns zu unserer Heilung verhelfen kann, und unsere Seele schert sich nicht um Zeit und Raum. Wir sind die Schöpfer unserer Gedanken und der feinstofflichen und physischen Welten, die wiederum diese Gedanken erzeugen. Wir sind also die unbestrittenen Herrscher über die Komödie, die wir da inszenieren: unser Leben. Ob wir in eine andere Epoche oder unsere materielle Hülle wechseln, das ist für das Abenteuer des Lebens relativ unwichtig. Wenn eine Gedankenform ihre Rolle nicht zu Ende gespielt hat, wird sie weiterhin auf die Stelle drücken, wo es uns wehtut, bis wir die Wunde zur Kenntnis nehmen und sie heilen können.

"Es gibt nur ein Leben und nicht sechsunddreißigtausend, aber dieses Leben besteht auch aus Momenten, in denen wir einschlafen und dann wachen wir in neuen Kleidern wieder auf, und es gibt Momente, in denen die Seiten des Buches, das tief in uns drinnen geschrieben steht, weitergeblättert werden. Das sind die Momente, in denen wir von einem Kapitel zum nächsten kommen", wiederholt in mir die Stimme des großen Wesens, das mich in Syrien so viele Dinge gelehrt hat*.

Wie kann eine Gedankenform von einem Leben zum nächsten weiterwirken und bei uns Krankheiten auslösen, die manchmal auch "karmische" Krankheiten genannt werden?

Eine Gedankenform ist weder an Zeit noch Raum gebunden. Für alle, die sich mit spirituellen Fragen beschäftigen, ist dies sicher leicht verständlich. Aber auch wenn uns diese Vorstellung vertraut ist, haben wir kein klares Bild davon, was das für unser alltägliches Leben für Auswirkungen haben kann.

Es bedeutet, dass uns eine Gedankenform von einem Leben zum nächsten begleiten kann, um dann in einem Moment reaktiviert zu werden, in dem die Bedingungen in unserem aktuellen Leben genau die richtigen dafür sind. Und so geben wir uns neue Gelegenheiten, um das zu lösen, was wir in der Vergangenheit nicht im Stande waren zu lösen, damit endlich die Umwandlung von Schatten in Licht stattfinden kann.

Jeanne, das Opfer, das nicht vergibt

Jeanne litt unter Asthmaanfällen, die lange anhielten und von Jahr zu Jahr schlimmer wurden. Sie war völlig am Ende und versuchte alles, um dieses "Übel", das sie gefangen hielt und physisch und psychisch zu ersticken drohte, loszuwerden. Sie fühlte sich behindert, weil alles, was sie gerne machen würde, stark von ihrem Gesundheitszustand abhing, von ihrem momentanen Wohlbefinden oder Unwohlsein.

In diesem Leben wäre diese heute knapp vierzigjährige Frau fast vor den Augen ihres größeren Bruders ertrunken. Der Bruder, der damals noch ein Kind gewesen war, bekam Angst, und anstatt ihr zu helfen, rannte er weg, so schnell er konnte, weil er Angst hatte, von den Eltern geschimpft zu werden. Zum Glück hatte ein Passant die ganze Szene beobachtet, schnell Hilfe gerufen und so eine Katastrophe verhindert. Seit jenem Zwischenfall litt Jeanne unter allen möglichen Formen von Erstickungsanfällen, die später auf das Asthma zurückgeführt wurden. Das war zumindest die offizielle Diagnose. Sie war gegen alles allergisch: Pollen, Staub,

---

* Anne und Daniel Meurois-Givaudan, *Vom Geist der Sonne*, Hugendubel, München 1993.

Katzenhaare etc. Ihr Leben glich einem Krieg gegen alles und jeden, und so erlebte sie es auch. Sie war angespannt und nervös und suchte verzweifelt nach Hilfe.

Als Antoine und ich unser erstes Treffen mit ihr hatten, kamen wir rasch mit dem feinstofflichsten Teil ihres Wesens in Kontakt, in dem sich uns einige Szenen offenbarten. Es waren schmerzhafte Szenen, alle in Verbindung mit einem anschließenden Tod in einem früheren Leben. Ein Boot kippte bei einem Sturm auf einem See um, und eine junge Frau ertrank unter den ungläubigen Augen eines hilflosen jungen Mannes, der mit ihr zusammen war, aber von dem Zwischenfall wie gelähmt zu sein schien. Die verzweifelte junge Frau hatte Angst, aber vor allem war der Raum erfüllt von der Wut und Enttäuschung der jungen Frau über die Handlungsunfähigkeit ihres Geliebten, der vor lauter Panik nicht in der Lage gewesen war, auch nur die geringste Bewegung zu machen.

Eine andere Szene in einer anderen Zeit. Es war eine Kriegsszene in einem armen Land. Ein Junge im Teenageralter versteckte sich, während überall um ihn herum geschossen wurde. Staubwolken hüllten ihn ein, und er versuchte, sich hinter einer noch stehen gebliebenen Mauer zu verstecken, die jedoch infolge eines gewaltigen Einschlags über ihm zusammenstürzte und ihn zu drei Vierteln unter sich begrub. Sein Blick war schmerzerfüllt, aber vor allem war er wütend und bestürzt: Es herrschte Krieg, und er wusste, dass die Menschen vom entgegengesetzten Lager gesehen hatten, was passiert war. Aber keiner war ihm zu Hilfe gekommen … Er starb unter den Trümmern.

Jeanne hatte nicht vergeben und schleppte daher von einem Leben zum nächsten eine schwere Bürde aus Nicht-Vergebung, Angst und Enttäuschung mit sich herum. An jeder Wende gab ihr das Leben erneut Gelegenheit, was passiert war, aus einem anderen Blickwinkel zu sehen, aber die Wut und der Hass, die von ihr ausgingen, zogen weiteren Hass an. Der Magnet funktionierte immer mit derselben Präzision, und Zeit spielte keine Rolle.

Ernten, was man sät, ist ein Gesetz der "mystischen oder feinstofflichen Physik". Das hat nichts mit der Moral einer bestimmten Zeit oder Epoche zu tun und kann auch nicht als Bestrafung ausgelegt werden.

Interessant ist, dass Jeanne in den beiden Szenen, die sich offenbart haben, niemanden angegriffen hat. Sie scheint vielmehr das Opfer dieser Geschichte zu sein. Trotzdem war es sie, die krank war, krank aufgrund ihrer Vergangenheit, krank aufgrund ihrer Erinnerung und der Gedankenformen, die sie immer noch von einem Leben zum nächsten mit sich herumschleppte.

Jeanne war in Wirklichkeit eine Masse komprimierter Wut, die nie zum Ausdruck gekommen war. Sie hatte das Gefühl, vor Angst und Enttäuschung zu ersticken, die sie als Opfer, an dem die Menschen Verrat begangen hatten, um sich herum aussäte. Die Gedankenformen ballten sich um sie herum und bedeckten ihren Hals und ihre Lungen, ließen sie vor Wut darüber ersticken, von den anderen nicht genügend geachtet worden zu sein, in deren Augen so wenig Bedeutung und vor allem in deren Herzen keinen Platz gehabt zu haben.

Als wir mit ihr über diese Szenen sprachen, begann Jeanne, eine Ahnung zu bekommen, was mit ihr passierte. Sie war die Allererste, die sich nicht für wichtig hielt, und sie merkte, wie schwer es ihr fiel, vor ihren eigenen Augen zu bestehen. Und trotzdem erwartete sie von den anderen, dass sie ihr das geben sollten, was sie selbst nicht in der Lage war, für sich aufzubringen: ein bisschen Achtung.

Die ungeheure Enttäuschung, die sie empfunden hatte, als ihr Bruder, so schnell er konnte, davongerannt war und sie allein der Gefahr überlassen hatte, von den eiskalten Fluten und Strudeln hinabgezogen zu werden, kam ihr wieder mit ihrer ganzen Wucht in den Sinn, und die kleinsten Einzelheiten wurden wieder lebendig. Sie erlebte noch einmal den Augenblick, in dem sie das Gefühl hatte, nichts wert zu sein, als eine unwahrscheinliche Strafe. War sie denn wirklich so wenig wert? Oder sah sie sich so?

Während der Therapie schrie Jeanne vor Wut und Zorn, aber auch vor Verzweiflung. Eine Verzweiflung, die so wenig maskiert oder gekünstelt war, dass sie an die Seele ging. Es war die Verzweiflung eines kleinen Mädchens, das sich schon so lange von allen verlassen fühlte … Sie sah Bilder von einem neugeborenen Baby, das in einer anderen Epoche, in einem anderen Leben, unter dem Abfall liegen gelassen wurde. Ob sie selbst es wohl gewesen war, die dieses Kind verlassen hatte, oder ob sie das verlassene Kind gewesen war? Was soll's! Ihre Schreie gingen langsam in Tränen über, keine Tränen der Wut oder des Zorns mehr und auch keine Tränen der Traurigkeit, sondern Tränen der Erleichterung. Von einem Moment auf den anderen wurde durch den Tränenschleier plötzlich ein Lächeln erkennbar, das Lächeln einer Person, die sich beruhigte, die verstanden hatte. Sie wusste jetzt, dass sie kein Opfer war, wusste, dass ihr Leben davon abhing, wie sie sich selbst sah, und dass es nichts Vorbestimmtes gab. Sie wusste jetzt, dass sie diese programmierten Tode ganz anders hätte erleben können, ohne die anderen zu verurteilen, ohne so viel Wut, was sie weniger schmerzhaft für sie selbst gemacht hätten.

Wieder ließ sie die Szene aus ihrem jetzigen Leben mit ihrem Bruder Revue passieren, eine Szene, die für sie immer eine unvorstellbare Feigheit verkörpert hatte. Doch dieses Mal hatte sie keine Lust mehr, ihren Bruder zu verurteilen, sondern zu verstehen und zu lieben, und zwar nicht mit dem Kopf, sondern mit dem Herzen. Sie hatte keine Lust, "gute Gründe" für das Verhalten ihres Bruders zu finden, noch irgendwelche Rechtfertigungen für das Urteil, das sie als Kind über ihren Bruder gefällt hatte. Es war nicht einmal mehr wichtig zu vergeben, sondern nur noch Mitgefühl zu empfinden, das einzig und allein von Liebe erfüllt war.

In einem einzigen Augenblick hatte sich Jeanne verwandelt und hatte alle Gedankenformen, die um sie herumgeschwebt waren, umgewandelt. In einem Augenblick waren sie nacheinander in einem außergewöhnlichen Tanz vom Raum ihres Herzchakras verschlungen worden. Sie werden nie mehr zurückkehren.

Die Gedankenformen, die sie bis zu jenem Moment begleitet hatten, hatten sich in einer Welle aus Liebe und Licht aufgelöst. Der Zustand, den Jeanne erreicht hat, hat das Seinige dazu getan. Und mit Hilfe des Lichts, das wir ihr in jenem Moment über unsere Hände zukommen lassen konnten, hat Jeanne das Wunder der Transmutation vollbracht.

Seit jener Zeit hat sie nie mehr unter Asthma gelitten.*

---

* Asthma ist eine Erkrankung der Atemwege, deren Ursachen nicht immer den von uns hier beschriebenen ähneln. Manchmal liegen viele Gedankenformen vor und geben den Eindruck von Eingrenzung und Ersticken ... Es kommt selten vor, dass nur eine Gedankenform vorhanden ist, und es ist die Kombination der Gedankenformen, die es uns ermöglicht, genauer nachzuforschen, was uns behindert.

Nicht alle Fälle werden so schnell gelöst. Denn die Transmutation hängt ausschließlich von demjenigen ab, der sie durchmacht. Die Heilung kann augenblicklich sein oder Tage, Monate und manchmal ganze Leben dauern. Das hängt von der Einstellung ab, die ihr Erzeuger einnimmt.

"Die Moleküle verändern sich je nach der Qualität des Gedankens, der sie beseelt."

Wenn wir uns aus unserer isolierenden und schmerzhaften Masse herausziehen wollen, müssen wir unbedingt lernen, über unsere üblichen fünf Sinne hinauszusehen. Nur ein Teil von uns manifestiert sich in der Welt der dichten Materie, die wir wahrnehmen, und nur dieser Teil leidet, denkt und handelt. In der Zwischenzeit "existieren jedoch in jeder Millisekunde andere Welten, in denen andere Seiten und Wirklichkeiten von euch das Leben erleben."

"Es ist die Qualität der Sichtweise, die ganz allein über das Wesen des Hindernisses entscheidet", wurde uns gelehrt.

Jeder Schmerz ist ein Alarmsignal, das vom Schönsten in uns ausgesandt wird, damit wir zur Quelle zurückkehren können. Wir brauchen einfach nur zu sagen, wir hätten einen Teil unseres Weges vergessen.

Gildas: aktuelle Behinderung und frühere Leben

Gildas war bereits im sechsten Schwangerschaftsmonat mit einer leichten Gehirnquetschung auf die Welt gekommen, die bei ihm eine Behinderung hinterließ. Er kam zu uns, weil er wissen wollte, warum er sich in diesem Leben dafür entschieden hatte, behindert auf die Welt zu kommen. Das war eine Frage, die ich ihm nicht einfach so beantworten konnte, doch bei ihm waren Gedankenformen erkennbar, die Erinnerungen an Episoden aus früheren Leben beinhalteten und uns einige Szenen offenbaren konnten.

In der Regel messe ich den früheren Leben keine große Bedeutung bei, zum einen, weil ihre Existenz für mich etwas ganz Normales ist, so wie der Tag auf die Nacht folgt, und zum anderen weil mich das interessiert, was wir heute sind: ein buntes Mosaik aus all dem, was wir früher waren und was wir später einmal sein werden.

Gildas hat ein Buch geschrieben: *Chemin faisant (la vie et l'handicap)** ("Unterwegs: Leben und Behinderung"), in dem Sie seinen gesamten Lebensweg nachlesen können, der in leichter, erfrischender Art erzählt wird. Ich zitiere im Folgenden den Teil, in dem Gildas erzählt, was ich beim Lesen seiner Gedankenformen bei unserem Treffen wahrgenommen habe.

"Vor dreitausend Jahren lebte in Ägypten ein junger Mann von schönem Aussehen, der sehr selbstgefällig war und für den nur die körperliche Kraft, Schönheit und alles damit Zusammenhängende zählte. Doch eines Tages hatte er bei einem Wagenrennen einen Unfall. Der Wagen, den er lenkte, kippte um, und die Deichsel brach ihm den Rücken. Er erholte sich nie mehr davon. Er blieb für den Rest seines Lebens behindert und verfluchte seinen neuen Zustand und die Einsamkeit, die von nun an sein ständiger Begleiter war.

Einige Jahre lang lebte er allein und sonderte sich von der Gesellschaft ab, weil er seinen körperlichen Zerfall einfach nicht akzeptieren konnte. Dann fing er an, die therapeutischen Kenntnisse, die er hatte, anzuwenden. Und die Leute fingen an, ihn aufzusuchen. Doch für ihn, der nicht akzeptieren konnte, was aus ihm geworden war, brachte das das Fass zum Überlaufen, und er beging Selbstmord.

Anne hat noch zwei Dinge hinzugefügt: dass sich meine jetzige Inkarnation nicht ausschließlich im Moment meiner Geburt entschieden hat und dass noch eine Sache offen war, die ich zu tun hatte, um meinen Auftrag zu erfüllen, d. h. das schlechte Beispiel, das ich meinen Lebensgenossen vor viertausend Jahren mit meiner übertriebenen Verhaltensweise gegeben hatte, wieder zu korrigieren ..."

Gildas setzt seinen Bericht mit folgenden Worten fort:

"Es gibt keine Macht auf der Welt, die mir jetzt noch die Überzeugung nehmen könnte, dass das Leben immer gerecht ist und dass die gelernten Lektionen, allein oder zusammen mit anderen, immer wichtig sind und immer auf eine Verbesserung von uns selbst und anderen abzielen ...

Was mich heute froh stimmt, ist die Erkenntnis, dass der anfängliche Einsatz endlich Früchte zu tragen scheint. Und dass ich,

---

* Gildas Boisrobert, *Chemin faisant*, Ed. Offset 5, La Mothe Achard 2002.

verdammt noch mal, nicht umsonst gelitten habe ... Aber Teufel noch eins, was für eine Mühe ..."

Als ich Gildas fragte, ob ich aus seinem Buch zitieren dürfte, fügte er zu der Zustimmung noch Folgendes hinzu:

"Denk daran, in deinem nächsten Buch darauf hinzuweisen, dass es leicht ist, ewig dasselbe Karma zu reproduzieren, wenn man nicht bei ganz klarem Verstand bleibt, weil das Schuldgefühl immer da ist und gleichzeitig auch die Nichtliebe für uns selbst. Denn wenn wir uns unserer Aktionen und Handlungen in früheren Leben bewusst werden und dabei entdecken, dass sie nicht immer schön waren, neigen wir dazu, uns schuldig zu fühlen und uns auf die eine oder andere Weise selbst zu bestrafen ... Und genau das ist die Falle, in die wir so leicht tappen: nämlich nicht genug Liebe für uns selbst aufzubringen und uns auf diese Weise daran zu hindern, auf der Evolutionsskala aufzusteigen ..."

Wir haben jetzt also zwei Geschichten über Gedankenformen gehört, die auf frühere Leben zurückgehen. Aber trotz des Interesses für das, was in einem oder mehreren anderen Leben passiert sein könnte, bin ich überzeugt, dass die meisten Fälle mit Hilfe der Daten verstanden und vor allem gelöst werden können, die jeder von uns in seinem aktuellen Leben finden kann.

Von der Vergangenheit abhängig zu sein oder von einem angeblichen Therapeuten, der "frühere Leben lesen kann", scheint mir nicht im Geringsten gerechtfertigt. In unserem gegenwärtigen Leben leben wir mit all dem, was wir "früher einmal waren", und können daher Kontakt zu dem aufbauen, was uns den Weg versperrt, indem wir uns der Elemente bedienen, die das gegenwärtige Leben uns anbietet. Die Schlüsselpersonen von gestern, die Ereignisse von heute, bestimmte Perioden im Jahr, Tageszeiten, ein Geruch, eine Musik, eine Farbe tragen dazu bei, eine Erinnerung wieder wachzurufen, die nichts weiter will, als wieder ans Licht zu kommen, um gelöst zu werden. Das ist ein bisschen wie mit den "Madeleines" bei Proust*: Unsere Gedankenformen sind ziemlich geschickt darin, das anzuziehen, was sie reaktiviert (solange, bis sie aufgelöst werden).

---

* Marcel Proust hat ein umfassendes Werk mit dem Titel *Auf der Suche nach der verlorenen Zeit* geschrieben. Die Suche beginnt an einem Tag, als er Tee trinkt und in seine Tasse die typisch französischen "Madeleines" tunkt und dabei eine erste Szene aus seiner Vergangenheit wiedererlebt.

Bei Kindern konnte ich Gedankenformen beobachten, die einfach durch den Einfluss einer bestimmten Planetenkonjunktion, einer bestimmten Jahreszeit oder eines bestimmten Kalendertages immer wieder in Form von Ekzemen auftraten. Das betroffene Kind, das im Mittelalter wegen seiner Ideen gefoltert und verbrannt worden war, aktivierte jedes Jahr zur selben Zeit, die mit seinem früheren Martyrium zusammenfiel, ein Zellgedächtnis. Es war sich dessen nicht bewusst, und das war auch nicht nötig. Seine Eltern konnten ihm hingegen mit ihrer beruhigenden Präsenz hilfreich zur Seite stehen, da sie, ohne sich zu sehr zu erschrecken, akzeptierten, dass die Ereignisse und die Zeit eine aussöhnende Wirkung haben können.

Unsere Gedankenformen erzeugen extrem feine und stabile Netzwerke, die mit allem verbunden sind, was uns umgibt. Sie enthalten alles, was im Zusammenhang mit dem Ereignis steht, das sich uns eines Tages eingeprägt hat und uns weiterhin verletzt. Ob es sich um eine bestimmte Jahreszeit, das Wetter oder die Personen handelt, die dabei waren, einen Geruch, ein Instrument, einen Blick, eine bestimmte Atmosphäre, alles ist darin mit allen Einzelheiten enthalten. Von einem Leben zum nächsten ziehen die Gedankenformen das an, was auf derselben Wellenlänge mit unserer Geschichte schwingt, um uns endlich die Möglichkeit zu geben, uns von ihr zu heilen.

Sind wir vielleicht auf der Welt, um ständig alte Dinge wieder aufzufrischen? Das glaube ich nicht. Wir müssen eines Tages aufhören, unseren Intellekt, unseren begriffsbegabten Verstand zu nähren, wenn wir nicht den Erstickungstod sterben wollen. Wir sind viele hundert Male reinkarniert worden und haben fast alle möglichen und vorstellbaren Rollen gespielt. Wir brauchen daher nicht ständig darauf zurückzukommen. Mit Vorliebe in der Vergangenheit zu leben, nährt die Gedankenformen, die damit zusammenhängen …Wenn wir aufhören, immer in der Vergangenheit herumzurühren, verlieren sie an Kraft.

Das Leben bietet uns heute eines der schönsten Geschenke an, das wir uns vorstellen können: die Möglichkeit, endlich die alten Knackpunkte aufzulösen und zu einem anderen Register überzugehen, andere Tasten auf der Orgel des Universums anzuschlagen.

Die Liebe ist das kraftvollste Lösungsmittel überhaupt!

KAPITEL X

Sind wir unsere Gedankenformen?

Wer sind wir? Sind wir das Produkt eines genetischen Erbguts, einer Kultur, einer Religion, einer kulturellen oder künstlerischen Umgebung oder die Zusammenfassung aller unserer früheren Leben? Ist es vielleicht wieder eine andere Maske, hinter der wir vermeiden, wir selbst zu sein? Sind wir vielleicht diese Gedanken, die uns auf eine bestimmte Art und Weise sein und handeln lassen?

Es ist offensichtlich, das wir all das nicht sind. Und wenn wir auch die Schöpfer unseres eigenen Lebens sind und wie es sich entwickelt und der Gedanken, die uns umgeben, können wir uns doch nicht mit ihnen identifizieren ... genauso wenig wie sich Eltern mit ihren Kindern identifizieren können!

Wenn wir uns vom Verhalten und von der Meinung anderer "angegriffen" fühlen, haben wir es mit einem typischen Beispiel von Gedankenform zu tun, die versucht, sich mit uns zu identifizieren. Wir fangen an, Angst zu haben, unsere Identität zu verlieren. Die Angst, uns gegenüber anderen nicht durchsetzen zu können, verwirrt uns, wirft uns aus dem Gleichgewicht und ist mit einer Todesangst vergleichbar. Und doch riskiert genau in dem Moment niemand wirklich den Tod – nur unser Ego und die damit verbundenen Gedankenformen.

Eine Gedankenform, die an Anziehungskraft verliert, wird nach und nach immer schwächer. Wenn wir uns nicht mehr mit ihr identifizieren, wird es uns früher oder später gelingen, sie zum Erlöschen zu bringen. Oft erklären wir also den Krieg, um eine Identität zu schützen, die Angst hat zu sterben, aber die nicht wir sind.

Das ist nur ein Beispiel von vielen anderen Reaktionen, die es uns bei aufmerksamer Beobachtung erlauben, den nötigen Abstand von jeder Form der Identifikation mit einer Gedankenform zu wahren.

Wenn wir uns zufriedengeben, die Rolle des Zeugen statt die Rolle des Täters zu spielen, werden nach kürzester Zeit die nicht mehr genährten Gedankenformen aufhören, uns in einer Illusion festzuhalten, die uns unsere Lebenskraft raubt. Dann finden wir wieder zu unserer Energie und Gelassenheit zurück, ohne ständig das Gefühl zu haben, kämpfen zu müssen, um zu existieren.

Wenn wir erst einmal in der Lage sein werden, die Gedankenform zu erkennen, die wir selbst nähren, werden wir den ersten Schritt in Richtung Deprogrammierung machen, die uns zur Freiheit hinführt.

Diese Erkenntnisse intellektuell zu verstehen, nutzt nichts und ist auch nicht mein Ziel. Das rein intellektuelle Verständnis bewirkt nichts anderes, als unseren normalen Verstand zu reaktivieren, und je aktiver der normale Verstand ist, desto schwieriger ist es, zu unserer Essenz vorzudringen. Der normale oder niedrige Verstand wirkt wie ein Schleier, der das Leben verhüllt, und bietet uns eine dualistische Sichtweise der Lebensereignisse an. Mit dieser Sichtweise kommen wir nicht besonders gut vorwärts, weil es ist, als hätten wir eine schwere Rüstung an, die vielleicht einmal dazu gedient hat, uns zu beschützen, aber uns heute nur eine Bürde ist und uns am Weiterkommen hindert.

Der normale Verstand ist die Stimme, die immer Sätze wie "Ja, aber..." oder "vielleicht" und unsere Ängste produziert, die uns so stark konditionieren.

Es ist nicht mehr der Moment, in dem es darum geht, Wissen oder Kenntnisse anzuhäufen, die uns in immer eindrucksvolleren Mengen zur Verfügung stehen. Wir befinden uns jetzt an dem Punkt, an dem es kein Zurück mehr gibt, der Punkt, an dem von uns verlangt wird, unsere Unabhängigkeit zurückzugewinnen und unsere Gewohnheiten und all das, was nicht wirklich zu uns gehört, abzustreifen.

Alle Ereignisse und Begegnungen in unserem aktuellen Leben sind an diesem Prozess beteiligt. Auch wenn die Sache lange zurückliegt, dürfen wir nicht vergessen, dass heute alles hier ist, in dieser unserer Gegenwart, und dass uns die Gegenwart nur die Umwandlung oder Transmutation erlaubt.

Wenn uns das Leben Gelegenheit bietet, eine Gedankenform aus der Vergangenheit – eine schlafende, schwere Gedankenform in Ruhe – zu reaktivieren, heißt das, das der Moment gekommen ist, dieses Problem, das uns betrifft, zu lösen. Es ist ein wahres Geschenk, das uns hier und jetzt gemacht wird, auch wenn wir manchmal das Gefühl haben, dass es eher einer Tragödie gleicht.

Unser Leben kommt vielen von uns heute wirklich schwierig vor, weil häufig ein Ereignis das andere jagt und sich alles anstaut und uns vor Müdigkeit und Erschöpfung aufstöhnen lässt. Kaum haben wir ein Problem gelöst, steht schon das nächste an. Unter den ständigen Schlägen, die wir für das Schicksal halten, hätten wir immer wieder einmal große Lust, alles hinzuschmeißen und doch ...Wie viele Wesenheiten der feinstofflichen Ebenen würden gerne unser Leben leben, weil es als eine wertvolle Gelegenheit zum Fortschritt angesehen wird!

Das bedeutet also, das alles, was wir bisher als "Problem" oder "zu lösenden Knoten" erlebt haben, nur deshalb zu uns zurückkehrt, um entschärft zu werden. Wir führen das zu Ende, was wir vorher unvollendet gelassen haben. Wir treffen Personen wieder, mit denen noch eine unverheilte Wunde offen war, ganz gleich, ob wir dabei die Rolle des Opfers oder des Täters gespielt haben. Und wir erleben noch einmal Situationen, für die wir damals keine Lösung gefunden hatten.

Wir sind es, die letztendlich das auflösen müssen, was wir ungelöst zurückgelassen haben. Und wir wissen, dass wir uns dabei nicht auf unsere Impulse oder reflektierte Verhaltensweisen verlassen können, die nicht unsere wahre Natur sind, aber auch nicht auf unseren Intellekt. Es liegt also an uns, hoch genug zu fliegen, um uns nicht mehr mit unseren üblichen Reaktionen zu identifizieren und endlich handeln zu können, indem wir uns außerhalb von unseren eigenen Kreationen, unseren Gedankenformen, ansiedeln.

Die Zeit läuft auf der Erde immer schneller, sowohl auf der materiellen als auch auf der feinstofflichen Ebene der Schwingungen. Und daher kommt es vor, dass wir uns manchmal in Situationen wiederfinden, die manche "Instant-Karma" (direktes oder sofortiges Karma) nennen.

Ihnen ist es bestimmt auch schon öfter wie mir ergangen, dass Sie sich auf eine bestimmte Art und Weise verhalten haben, die Ihnen gleich danach völlig unangemessen vorkam.

Ein Nervositätsanfall, ein Wutausbruch, eine impulsiv getroffene Entscheidung ... Und danach tut es Ihnen leid, was Sie gesagt oder getan haben, und Sie denken, nun nichts mehr daran ändern zu können. Es kann sein, dass das vielleicht noch vor zehn Jahren so wahr, aber jetzt ist es nicht mehr so: Wenn Sie sich bewusst sind, dass Sie auf eine Weise handeln, die nicht dem entspricht, was Sie wirklich sind, fängt diese Bewusstwerdung an, in Aktion zu treten und zieht dank der Gedankenformen etwas an, das es Ihnen erlauben wird, den Streitfall, der bereits anfing, um Sie herum bestimmte Farben und Formen zu bilden, in kürzester Zeit aufzulösen. Es ist eine Bewusstwerdung, ein "Höhenflug", der uns heute die Möglichkeit gibt, das, was wir erzeugt haben, sofort aufzulösen, anstatt es wie eine zusätzliche Last mit uns herumschleppen zu müssen.

Je mehr wir uns dessen, was mit uns vor sich geht, und der Gedankenformen bewusst werden, die durch uns ihren Einfluss ausüben, desto mehr Gelegenheit haben wir, das alles umzuwandeln, ohne allzu lange darunter zu leiden und ohne die anderen darunter leiden zu lassen. Informiert zu sein, entbindet uns von unserer Opferrolle, die uns daran hindern würde, die Botschaft zu verstehen, die uns von jenem anderen "wir" übersandt wurde, das sich nicht um unsere vorübergehenden, vom Ego verursachten Gefühlszustände kümmert.

Unsere Aufgabe ist es, unsere Rolle in der Komödie, die wir uns selbst geschaffen haben, so gut wie möglich zu spielen, ohne dabei zu vergessen, dass wir weder jene Figur noch jene Komödie sind. Manchmal vergessen wir, dass wir gekommen sind, um eine Rolle zu spielen, und schließlich verwandelt sich unsere Komödie in ein Melodrama, mit dem wir uns identifizieren. Und dann laufen wir wirklich Gefahr, uns zu verirren.

Ich erinnere mich noch an den Film *Jesus von Nazareth* von Zeffirelli. Als der Film ins Kino kam, drängten sich die Menschenmassen in den Sälen. Der Schauspieler, der den Jesus spielte, hatte zwar physisch nicht viel mit der wahren Persönlichkeit* gemein, aber eine so außerordentlich starke Präsenz, dass er die Leinwand und die Herzen der Zuschauer im Flug erobert hat.

Jener Mann war noch keine dreiunddreißig Jahre alt, jenes schicksalhafte Alter in der Geschichte von Jesus, war aber nahe

---

* Anne und Daniel Meurois-Givaudan, *Essener Erinnerungen*, Hugendubel, München 1988.

daran. Als ich kurze Zeit später hörte, dass er sich nie von dieser Rolle erholt und genau im Alter von dreiunddreißig Jahren Selbstmord begangen hatte, war ich wie vor den Kopf gestoßen.

Denn sind wir nicht ziemlich oft wie er, Schauspieler oder Komiker oder auch Tragikkomiker, die sich mit ihrer Rolle identifiziert haben, die sie akzeptiert haben in ihrem "eigenen Leben", und sich in einer Geschichte ohne Ende verlieren?

KAPITEL XI

Gedankenformen und Zellgedächtnis

"Werdet euch von jetzt an jeder Zelle eures Körpers bewusst. Identifiziert euch mit ihnen und tut das eure dazu, dass sie sich mit euch identifizieren können."

(Anne und Daniel Meurois-Givaudan,
L'altro volto di Gesù)

Manchmal kommt es vor, dass wir uns Mechanismen der "feinstofflichen Biologie" gegenüber sehen, die uns Emotionen oder Krankheiten noch einmal neu erleben lassen, weil wir ein Erlebnis nur teilweise gelöst haben.

Karina

Das Zusammentreffen mit Karina in einem osteuropäischen Land hing nicht mit einer Krankheit zusammen. Wir wollten dort eine Konferenz geben, und sie war unsere Dolmetscherin. Als ich bei unserem Vortrag anfing, von Gesundheit und den feinstofflichen Körpern zu reden, spürte ich, dass etwas in ihr davon stark berührt wurde. Dem Anschein nach hatten wir nichts damit zu tun, sondern waren einfach die Vermittler: ein Wort, ein Satz, eine bestimmte Energie reichen schon aus, um etwas zu aktivieren, was aktiviert werden muss. Allerdings war es nötig, dass dieses Zusammentreffen stattfand, und wir, Antoine und ich, präsent waren, um an jenem Novemberabend in Begleitung von Karina über ein bestimmtes Thema zu reden.

Am Ende der Konferenz kehrten wir in Begleitung der jungen Frau ins Hotel zurück, die plötzlich hohes Fieber bekommen hatte und uns nun Folgendes erzählte:

"Bisweilen habe ich furchtbare Anfälle von Nierenentzündung und muss dann ins Krankenhaus. Ich habe Psychotherapie studiert und viel an diesem Problem gearbeitet. Es ist eine alte Sache, die mit einem Konflikt mit meinem Vater zusammenhängt. Es ist eine Geschichte, die ich kenne. Ich habe meinem Vater vergeben, und jetzt scheint mit ihm alles in Ordnung zu sein. Trotzdem vergiften mir diese Anfälle immer wieder das Leben. Was kann ich nur dagegen tun?"

Wir waren ihr dankbar, dass sie uns die Möglichkeit gab, ihr zu antworten. Denn wenn uns eine Person nicht ausdrücklich um Hilfe bittet, respektieren wir logischerweise ihre Entscheidung und mischen uns nicht ein, als ob wir die "Retter der Menschheit" wären.

Wir schauten sie uns also an, versuchten, mit den Händen und mit dem Blick etwas aufzufangen. Die Gedankenformen, die eigentlich diese physische Krankheit hätten erzeugen müssen, waren nirgends sichtbar. Da erinnerte ich mich an das, was mir zu Zeiten der Essener für ähnliche Fälle beigebracht worden war.

Mit großer Aufmerksamkeit "scannte" ich den physischen und feinstofflichen Körper von Karina zuerst mit dem Blick und dann mit den Händen. Ich fand nichts außer einem kleinen Schatten im Nierenbereich und rote Blitze, die mich an die Schmerzen erinnerten, die sie im Moment empfinden musste. Dann schloss ich einen Augenblick die Augen – und verstand. Im Hohlraum der Nieren, im Innern des Organs, hatte sich eine kleine Erinnerung verzweifelt im Körper von Karina festgesetzt. Der Rest eines Mechanismus, der, auch wenn die Geschichte längst zu Ende war, weiterhin den physischen Körper seiner Schöpferin peinigt.

Sowohl auf der feinstofflichen wie auf der physischen Ebene sind die Nieren Organe, durch die alles hinausgeht, was wir uns entschieden haben loszulassen, was unser Leben bisher belastet hat. Es kann sich um alte Wut, schmerzliche Erlebnisse, alte Erinnerungen, Enttäuschungen handeln …Tatsächlich geht alles, was wir letzten Endes loslassen, vorbei und wird durch das Einwirken der Nieren verflüssigt. Andernfalls können kleine Gedankenformen zurückbleiben, die bis zur zellulären Heilung fortbestehen. Und das war auch das, was bei Karina der Fall war.

Das Zellgedächtnis, denn darum handelt es sich letztendlich, verlangt nach angemessenen Therapien und braucht auch etwas Zeit, um sich aufzulösen. Heute hat Karina keine Beschwerden mehr, und die Nierenentzündung ist verschwunden.

Ein alter Mechanismus, der auf der Zellebene weiterexistiert, kann sich auch in Form von Verhaltensstörungen manifestieren. Wie oft kommt es vor, dass wir wie kleine Kinder reagieren, die sich schützen wollen, obwohl wir unsere Kindheit schon längst hinter uns haben und das Problem schon lange nicht mehr existiert?

Darüber hinaus lassen uns die Gedankenformen häufig so agieren (oder besser: reagieren), als ob wir uns immer noch in derselben Geschichte unserer Kindheit oder unserer Jugend befänden, auch wenn diese schon längst vorbei ist.

Kommt es etwa nicht vor, dass wir völlig unangemessen auf eine Bemerkung reagieren, die uns gegenüber gemacht wird? Nicht wir, der Mann oder die Frau von heute, sind es, die so reagieren, sondern das Kind oder der Teenager, der jeder von uns einmal war. Durch die Gedankenformen und die nicht verheilten Wunden reagiert dieses Wesen impulsiv und automatisch.

Andererseits kennen wir alle Personen, die Angst vor dem Krieg oder dem Ertrinken haben, ohne das irgendetwas in diesem Leben in irgendeiner Weise in Resonanz mit ihrem Problem wäre oder andere Familienangehörige jemals davon betroffen gewesen wären. In diesem Fall handelt es sich daher häufig um Gedankenformen im Zusammenhang mit dem "Zellgedächtnis", unserer Datenbank, die sich durch nichts zerstören lässt. Auch deshalb bin ich der Meinung, dass ein Ereignis nie völlig ausgelöscht oder vergessen wird. Aber die Verletzung, die mit diesem Ereignis verbunden ist, und die wir selbst erzeugt haben, kann in Liebe umgewandelt werden.

Wie wir bereits bei den zuvor besprochenen Fällen gesehen haben, kann die Spur eines gewaltsamen Todes, der nicht akzeptiert wurde, in unserem Samenatom eingeschlossen bleiben und unseren gegenwärtigen physischen Körper erneut durchdringen. Es kann auch vorkommen, dass unser physischer Körper nicht davon betroffen wird, sondern nur eine Angst oder eine bestimmte Verhaltensweise davon beeinflusst wird.

In diesem Fall können wir einfach Angst vor dem Krieg haben, weil unser Gedächtnis Erinnerungen an traumatische Kriege abgespeichert hat, oder Angst vor dem Ertrinken, weil wir einmal im Wasser zu Tode kamen. Diese Tatsachen nehmen nicht immer einen dramatischen Charakter an, prägen sich uns jedoch mit allen Einzelheiten ein. Dann machen sie sich ans Werk und wiederholen sich solange, bis das Problem gelöst wird.

Fangen wir also heute an, einen anderen Weg einzuschlagen, und diese automatischen Reflexe, diese Gewohnheiten und Konditionierungen, die nicht wir sind, sondern die nur mit uns bis hierher mitgereist sind, mit einem gewissen Abstand und mit Mitgefühl zu betrachten.

Lucas und das Zeichen auf seinem physischen Körper

Lucas hat von Geburt an ein ungewöhnliches körperliches Merkmal: Er hat eine Hohlbrust. Er ist so auf die Welt gekommen. Und auch in diesem Fall spulten sich vor unseren Augen Szenen aus einem früheren Leben ab.

Wir waren in Ägypten, und dieser Mann, der sich damit beschäftigte, große pharaonische Tempel zu bauen, beging einen Fehler, der fatal für ihn wurde. Er war ein Mann von stolzer Haltung, der sich in die Brust warf. Er war edel, reich und berühmt für sein herausragendes Können, und es fehlte ihm an nichts, zumindest nichts, was zu seinem Glück gewesen wäre. Das Schicksal schien es gut mit ihm zu meinen. Liebe, Arbeit, Reichtum, Ehre, Jugend und Schönheit waren von Geburt an die Gottesgaben, die ihm mit auf den Weg gegeben worden war.

Mit Hilfe der jungen Lehrlinge lehrte und plante er immer neue Projekte, von denen eines komplexer und prunkvoller als das andere war. Die Schüler waren ihm treu ergeben, und er konnte sich auf sie verlassen. Die Szenen wiederholten sich und schienen alle nur das Ziel zu haben, sein prächtiges und leichtes Leben aufzuzeigen, alles bestand aus Festen und Vergnügungen, auf die der Architekt stolz war.

Doch plötzlich veränderte sich alles. Andere Szenen folgten nun, aber jetzt war alles düster geworden, die Atmosphäre war bedrückend, die Szenen grausam.

Neid, Eifersucht, ein Komplott … Alles sah nach Misskredit, nach Ehrlosigkeit, nach Verbannung aus.

Ein Gebäude war eingestürzt und hatte Hunderte von Menschen unter sich begraben. Der Architekt verstand es einfach nicht. Er ging den Plan noch einmal durch, schlug sich die Nächte um die Ohren, um herauszufinden, was passiert war. Es war eine Szene voller Angst, die sich ungestört vor uns abspielte.

Endlich begriff er, was passiert war: Jemand hatte auf ungeschickte Weise die Maße seines ursprünglichen Projekts geändert. Es ging um Verrat, um eine Vergeltung und einen Racheakt. Er war sich dessen sicher, aber wer würde ihm schon glauben? Er musste es teuer bezahlen, denn er würde mit seinem Leben bezahlen.

In der letzten schnellen Szene sahen wir ihn nackt auf der Erde neben den Trümmern des zusammengestürzten Gebäudes. Er würde von einem Stein seines eigenen Gebäudes erdrückt werden, den ein Elefant ihm auf Geheiß auf die Brust legen musste.

Hier riss die Szene ab. Heute lähmt die Angst, etwas falsch zu machen, Lucas völlig. Er zieht es vor, sich Pläne auszudenken, aber diese dann in die Wirklichkeit umzusetzen, das will er nie. Wie lange wird er wohl brauchen, um seinen Schmerz zu lindern, der in seinem jetzigen Leben immer noch so großen Einfluss hat, dass er sogar ein sichtbares Zeichen auf seinem Körper hinterlassen hat? Das weiß nur er …

Das Zeichen auf der Brust ist ihm geblieben und hat sich für lange Zeit eingeprägt, das Zeichen eines schmerzhaften Todes, den er nie akzeptiert hat, weil er in seinen Augen "so ungerecht" gewesen war.

KAPITEL XII

Einfluss einer Gedankenform auf unsere Vitalität und Lebenskraft

"Die wahre Krankheit des Menschen ist das Nicht-Bewusstsein dessen, was er in sich trägt ... Ihr seid im Universum, aber das Universum ist auch in euch."
(Anne und Daniel Meurois-Givaudan, Dalla sottomissione alla libertà, Band 1)

Diese Worte, die ein gefangener Mönch in einem Konzentrationslager ausgesprochen hat, kommen mir immer wieder mit derselben Eindringlichkeit in den Sinn. Wie kommt es, dass wir nicht merken, dass wir momentane Seelenzustände manifestieren?

Wie kommt es, dass wir die Welten nicht wahrnehmen, die wir mit jeder Episode unseres Lebens erschaffen und die wir immer noch mit uns herumschleppen, wenn es schon lange nicht mehr nötig ist?

Wie können wir es anstellen, uns bewusst zu werden, dass wir und nur wir es sind, die einige Fragmente unseres Lebens von vielen isolieren und auf der Grundlage unserer Gedankenformen und den damit verbundenen Verletzungen ein ganz persönliches Licht über uns projizieren?

Tausende von Jahren haben wir darüber hinaus Zweifel, Angst und Dualismus erzeugt und sie dadurch zu den fassbaren Meilensteinen auf unserem Weg gemacht. Warum öffnen wir nicht entschlossener der Hoffnung Tür und Tor und lassen unser Leben in einem anderen Licht erstrahlen, damit sich dieses Mal das Schönste, das wir in uns tragen, konkretisieren kann?

"Das ist ja alles gut und schön", werden Sie mir antworten, "aber es sind eben nur Worte, wie so viele andere auch. Wir haben zu diesem Thema schon so viele andere schöne Worte gehört, aber ohne jemals eine Lösung zu finden ..."

"Lösung": Was für ein Wort! Es gibt keine Lösungen, und es wird sie auch in Zukunft nicht geben, wenn wir erwarten, dass sie uns fix und fertig von außen geliefert werden. Nur die Scharlatane versprechen uns, an unserer Stelle das zu machen, was wir uns aus Stolz, Ignoranz oder Gleichgültigkeit weigern, selbst zu tun. Hören wir auf, nach Rezepten zu suchen, die doch nur unseren ausgehungerten intellektuellen Verstand zufrieden stellen, hören wir auf zu beten und um etwas zu bitten, was sich in Wirklichkeit nie von uns entfernt hat.

Aus diesem Grund, der gleichzeitig so einfach und verblüffend ist, müssen wir nur einen Schritt tun: den Mut haben, zur Tat zu schreiten. Und um zur Tat zu schreiten, ist der erste Punkt, dass wir unsere Inkarnation voll akzeptieren.

In dieser Welt treffen wir Therapeuten häufig auf Personen, die sich teilweise weigern, die Rolle, für die sie auf die Erde gekommen sind, zu erfüllen. Sie finden sie zu schmerzhaft oder zu unbedeutend oder gar zu materiell. Sie würden sie am liebsten ein bisschen oder ganz ändern, ohne sich im Klaren darüber zu sein, dass sie es waren, die dieses Leben angezogen haben, um alles, was es ihnen bietet, zu erleben.

Angetrieben von ihrer Verzweiflung beschwören sie mitaußerordentlicher Verantwortungslosigkeit genau die Welten herauf, die sie in Wirklichkeit gar nicht wollen. Sie mühen sich ein bisschen hier und ein bisschen da ab, gehen von einem Therapeuten zum nächsten und hoffen, eine Lösung zu finden, die außerhalb von ihnen liegt. Manchmal haben sie auch die heimliche Hoffnung, dass niemand eine Lösung finden kann.

Unsere Beschwerden und Krankheiten sind für manche unter uns so etwas Vertrautes, etwas, das wir bewusst oder unbewusst lieber beibehalten, als es einfach so verschwinden zu lassen. Angesichts der Leere, die auf eine mögliche Auflösung von Gedankenformen, die uns behindern und belasten, folgen könnte, angesichts des Mutes, den wir aufbringen müssten, um unsere ersten Schritte auf fremdem Terrain zu tun, klammern wir uns an dem fest, was wir besser kennen, so schmerzhaft seine Präsenz auch sein mag.

Wie oft im Leben handeln wir so? Wir jammern über eine bestimmte Beziehung, über eine Arbeit, die wir nur mit Mühe und Not aushalten, aber sind wir wirklich bereit, die Situation zu ändern? Seien wir ganz ehrlich: Häufig gehen wir Kompromisse mit uns selbst und den anderen ein – und zwar nicht aus Liebe, sondern aus Angst oder Gleichgültigkeit – und finden uns dann in Welten wieder, die wir abgelehnt hätten, wenn irgendjemand sie uns früher gezeigt hätte.

Die Gedankenformen, die mit einer niedrigen Frequenz schwingen, haben auf der feinstofflichen Ebene eine Dichte und ein Gewicht.

Eine Gedankenform, die um uns herumschwebt, nimmt auf ihre Weise einen beträchtlichen Teil unseres Lebensraumes ein. Ihrer Natur entsprechend zieht sie zusätzlich zu dem, was wir ihr zukommen lassen, um sie zu nähren und am Leben zu erhalten, Energie von uns ab. Das zwingt uns, häufig ohne es zu merken, Ereignisse und Situationen anzuziehen, die zu ihrer Nahrung dienen, ganz ähnlich wie Eltern, die für das Wachstum ihres Kleinen sorgen müssen.

Stellen wir uns jetzt einmal vor, wie viele Gedankenformen, verbunden mit wichtigen Ereignissen, in unserem Lebensraum herumschwirren. Jede von ihnen buhlt um unsere Aufmerksamkeit und speist kleine Wesenheiten, die das Leben durch sie erleben, indem sie sich gleichzeitig von der Energie ernähren, die wir ausstrahlen.

Manche von uns haben starke Rückenschmerzen. Und wie sollten wir auch keine Rückenschmerzen haben, krumm wie wir sind unter der Last eines Sacks voller Gedankenformen, von denen manche nicht einmal unsere eigenen sind?

"Was? Sie sind nicht unsere eigenen?"

Schon höre ich die empörte Frage, die diese letzten Worte wahrscheinlich ausgelöst haben.

Genauso ist es! Und es kommt so häufig vor, dass ich hier einmal darauf eingehen möchte. Es kann also vorkommen, dass wir wie ein Magnet Gedankenformen anziehen, die wir *nicht* selber erzeugt haben.

Die Geschichte von Julia berichtet uns über ein Mädchen, das nicht gewollt und als Mädchen nicht anerkannt wurde. Neben ihrem Krebs trug Julia einen "Riesensack" mit sich herum, der regelmäßig starke körperliche Schmerzen verursachte. Erinnern Sie sich an die weiter oben beschriebene Geschichte? Ihre Eltern hätten lieber einen Jungen gehabt. Die junge Frau hatte daraus ein ungeheures Schuldgefühl entwickelt, ein Schuldgefühl, den Erwartungen der Eltern, und insbesondere dessen des Vaters, nicht zu entsprechen. Dieses Schuldgefühl war eine regelrechte Bürde für sie und hatte eine neue Gedankenform erzeugt, deren klare Aufgabe es war, alles anzuziehen, was ihr Schuldgefühl noch vergrößern würde. Es war ein wahrer Kreuzweg. Denn dieses Gewicht war so schwer zu ertragen und so schmerzhaft, allein deswegen, weil sie sich schuldig fühlte, überhaupt auf der Welt zu sein.

Um diesen so tiefen Schmerz zu lindern und ihn nicht mehr zu spüren, hatte Julia ein System gefunden: Sie lud sich die Probleme von anderen auf.

Und so verbrachte sie ihre Tage damit, andere zu entlasten. Seit sie denken konnte, hatte sie sich um alles und alle gekümmert, und wenn etwas nicht funktionierte, hatte sie immer gleich gedacht, dass sie schuld daran sei. Es war ihre Art und Weise, um Verzeihung zu bitten.

Ihre Schuld ... Ihre Schuld ... Das war das Leitmotiv, das bei der geringsten Widrigkeit im Leben der Personen um sie herum in ihr widerhallte. Es reichte schon aus, dass ihr Bruder traurig war oder dass sich ihre Mutter einsam fühlte, und schon gewann ihr Schuldgefühl wieder die Oberhand. Sie hatte sich immer etwas vorzuwerfen, und wenn ihr Bruder von einer Schwierigkeit in die nächste schlitterte, dachte sie, das läge daran, dass sie nicht genug getan hätte. Wenn ihr Mann nach einem schweren Arbeitstag schlecht gelaunt nach Hause kam, dachte sie sofort, die gesamte Verantwortung für seine Unzufriedenheit läge bei ihr.

Julia verwendete ihre meiste Zeit und Energie darauf, diese unersättlichen Gedankenformen zu nähren, die nach und nach ihre ganze Vitalität, ihre Energiereserven und ihr Immunsystem aussaugten.

Julia ist sich dessen bewusst geworden, und als sie sich schließlich von diesem Gewicht befreit hatte, fingen ihre Kräfte an, langsam zurückzukehren. Heute weiß sie, dass sie sich nicht dafür entschuldigen muss, geboren zu sein, und sie hat das nicht nur "mit dem Kopf" begriffen, sondern mit allen Zellen ihres Körpers. Deshalb kann die alchemistische Transmutation oder Umwandlung stattfinden. Das ist keine Frage von nicht-fassbaren Dingen oder Zauberei, sondern geht darauf zurück, dass Julia akzeptiert hat, nicht mehr zu urteilen, sich selbst nicht mehr zu verurteilen und einen ersten Schritt zur Lebensfreude hin zu tun.

"Jeder Schmerz geht darauf zurück, dass wir das Leben nicht ungehindert und vollkommen frei durch uns hindurchfließen lassen. Schmerz ist die Erfindung einer Menschheit, die ihre Überlegenheit über das Leben, d. h. einen perfekten Gedanken, beweisen wollte. Es ist euer Alarmsignal ..."

Der Begriff des Leidens ist seit so langer Zeit so tief im menschlichen Bewusstsein verwurzelt, dass wir unsere Gewohnheiten und konditionierten Reflexe aufbrechen müssen, mit denen wir es auf so schicksalhafte Weise nähren, um es aus seiner Hülle herausziehen zu können. Leiden ist eine Schule, die es uns erlaubt, vollständig der "Illusion" zu verfallen, aber es ist nur eine von vielen Etappen der menschlichen Evolution und eben nichts Unvermeidliches, von dem wir uns nicht verabschieden könnten. In jedem von uns liegt der Samen des Glücks, und auf diesen Samen müssen wir zugehen.

Übung, um uns besser kennen zu lernen

Setzen Sie sich in Meditationshaltung mit geradem Rücken hin, und schließen Sie die Augen. Atmen Sie langsam dreimal tief ein und aus, und spüren Sie, wie die Luft und die darin enthaltenen Energieteilchen des Prana nach und nach in Ihnen jene angespannten Punkte lockern, die Sie genau in diesem Moment wahrnehmen. Bleiben Sie danach eine Weile sitzen, ohne sich irgendetwas zu wünschen, ohne irgendetwas zu suchen, weder einen Gedanken noch eine Empfindung, welcher Art auch immer.

Nachdem Sie nun frei von wertenden Einstellungen gegenüber allem sind, was auf Sie zukommen wird, lassen Sie alles hochkommen, was Sie in Ihrem Leben nicht mehr sehen möchten, was Sie im Grunde Ihres Herzens wirklich ändern möchten, all das, was Ihnen das Gefühl gibt, dass das Leben ein Hindernisrennen ist.

Öffnen Sie die Augen nur, um diese verschiedenen Punkte aufzuschreiben, falls Sie Angst haben, sie zu vergessen. Schließen Sie die Augen wieder, und fragen Sie sich nun:

- Bin ich bereit, all das zu ändern?
- Was ist der Vorteil dieser Situationen?
- Was ist der Nachteil dieser Situationen?

Wenn Sie das Gefühl haben, dass es zu schwierig ist, die gegenwärtige Situation zu ändern, oder wenn die Vorteile, wenn auch nur momentan, gegenüber den Nachteilen überwiegen, akzeptieren Sie das einfach so, ohne negative Gedankenformen deswegen zu erzeugen, weil Sie wissen, dass sie geändert werden können, sobald Sie das wirklich wollen, weil alles eine Frage der Entscheidung und der Prioritäten ist. Niemand zwingt uns, eine unerträgliche Situation beizubehalten, außer wir selbst.

Fragen Sie sich nun:

- Habe ich das Gefühl, mich von Schuld zu befreien, indem ich akzeptiere, eine bestimmte Rolle zu erfüllen? Habe ich vielleicht das Gefühl, mich von einer Last zu befreien, die ich meinem Eindruck nach schon immer mit mir herumschleppe?

Wenn die Antwort "Ja" lautet, dann sollten Sie begreifen, dass Sie dadurch, dass Sie eine Rolle akzeptieren, die Sie belastet und die nicht für Sie geeignet ist, in Wirklichkeit nichts anderes tun, als Ihr Schuldgefühl zu verstärken. Die damit zusammenhängende Gedankenform wird dadurch reaktiviert, genährt und letztendlich stärker als zuvor.

Bevor Sie Ihre Augen wieder öffnen, schlage ich vor, dass Sie dem Leben danken, dass es Ihnen Situationen geboten hat, die es Ihnen erlauben, immer weiter in die richtige Richtung zu gehen: hin zu dem, was Sie wirklich sind.

KAPITEL XIII

Gedankenformen und morphogenetische Felder

"Ein Gedanke bewegt sich wie eine Note auf einer bestimmten Wellenlänge, ausgehend von jenem Energiekraftwerk, das euer geistiges Bewusstsein darstellt. Was unbedingt verstanden werden muss, ist die Tatsache, dass dieser Gedanke, jene Note, tatsächlich einen Körper hat."

(Anne und Daniel Meurois-Givaudan,
L'incontro con Lui)

Als wir untersuchten, wie sich ein Egregor bildet, haben wir gesehen, dass sich die Gedankenform mit einem Speicherbecken vereint, das in Einklang mit ihr ist, und wie dieses seine eigene Energie über alle ergießt, die sich in Harmonie mit seinem Schwingungsniveau befinden, und zwar unabhängig von jedem Raum-Zeit-Bezug.

Die Egregore sind Speicher mit den unterschiedlichsten Charakteristiken, von denen einige mit der wissenschaftlichen Forschung, der Geschichte, mit anderen "Epochen" oder einem präzisen Ereignis in Verbindung stehen können. Sie sind wie enorme Säcke, aus denen man schöpfen kann, ohne das unser Bewusstsein auch nur im Geringsten beteiligt ist. Darüber hinaus bedienen sie sich unserer Person wie Verstärker einer Energie, die wir eines Tages ins Leben gerufen haben.

Wie oft haben wir uns schon gewundert, dass eine Entdeckung in verschiedenen Ländern gleichzeitig gemacht wurde – und zwar von Forschern, die sich nicht einmal kannten. In diesen

Fällen fing man unweigerlich an, von Industriespionage oder anderer Spionage zu reden, doch ich persönlich durfte eine Erfahrung erleben, die mir in Bezug auf Tatsachen wie diese eine andere Sichtweise nahelegte.

Eines Nachts, als ich mit meinem Seelenkörper auf einer feinstofflicheren Ebene als dem Planeten Erde auf Reisen war, bemerkte ich plötzlich eine andere Figur in meinem Gesichtsfeld. Es handelte sich um einen Mann um die fünfzig, der eine etwas längliche Gestalt hatte. Ich sah ihn an und wusste nicht, was dieses Treffen für mich noch bereit halten würde, während aus seinem Körper gleichzeitig wellenförmige, helle Spiralen emporstiegen, die erkennen ließen, dass es sich um eine hartnäckige Person handelte, die zu Logik und Präzision neigte.

Der Mann schien überhaupt nicht überrascht über unser Zusammentreffen. Er war ziemlich in Gedanken versunken, die in einem schnellen Reigen ohne Unterbrechung um ihn herumschwirrten. Als ich mehr auf die Gedanken zu achten begann, die er ausstrahlte, konnte ich Bilder von Labors und Schläuchen wahrnehmen, und dann von Hand auf eine große Tafel geschriebene Gleichungen.

Es war deutlich zu sehen, dass dieser Mann eine Antwort auf ein Problem suchte, das seine ganze Aurahülle einnahm.

Da ereignete sich plötzlich ein sonderbares Phänomen: Ich sah ihn nach und nach vor meinen Augen verschwinden, und eine Energie drängte mich, ihm zu folgen. Ich kann hier weder von Raum noch von Zeit sprechen, eher von einem Bewusstseinsfeld, und diese Energie zog mich an. Ohne es bemerkt zu haben, hatte sich alles um mich herum verändert.

Der Mann befand sich in einer mir unbekannten Welt, in die ich mich einfach eingeladen fühlte. Wellen und Universen drehten sich um uns herum, doch der Forscher nahm meine Gegenwart nicht mehr zur Kenntnis, oder er achtete zumindest nicht mehr darauf. Er befand sich vor Bändern aus lebhaften Farben, die bisweilen ein Gesicht darzustellen schienen und zuweilen den Anschein einer Form hatten. Ich hörte und schaute einfach zu …, während um ihn herum von den leuchtenden Wellen eine Art Murmeln auszugehen schien. Verblüfft beobachtete ich, wie nach und nach drei andere Gestalten sich vor meinen Augen zu verdichten schienen, während immer wieder Zahlen in einem harmonischen Ballett um diese hier vereinten Wesen herumtanzten. Ich fühlte mich nicht dazugehörig. Dann plötzlich meldete sich eine Stimme mit seltsamer Intonation aus dem Inneren meiner Seele zu Wort.

"Wir befinden uns in der Welt der Zahlen. Die Zahlen manifestieren sich physisch über die Ziffern. Tatsächlich könnten wir sagen, dass die Ziffer der physische Körper einer Entität ist, die auf der Erde 'Zahl' genannt wird. Wie du vielleicht schon intuitiv begriffen hast, sind diese Forscher dabei, eine Gleichung zu verstehen und zu lösen, die für den Fortschritt ihrer Arbeit entscheidend ist. Die Welt der Zahlen hat sich bereiterklärt, ihnen zu Hilfe zu kommen, weil der Moment gekommen ist, dass diese Gleichung von mehreren Menschen begriffen wird. Hier geht es nicht um 'guten Willen', sondern einfach um die Weiterentwicklung der Welten, die sich in keinster Weise an die menschliche Ethik hält. Die Rolle der Welt der Zahlen besteht darin, den Planeten Erde in einer bestimmten physischen und feinstofflichen Form zu erhalten. Es geht hier um die Essenz der heiligen Geometrie und um das, was sich daraus ergibt.

Die Bewusstseinsebene, auf der du dich befindest, bietet für die Fragen dieser Forscher eine Lösung an.

Wenn es vorkommt, dass eine Entdeckung gleichzeitig an verschiedenen Punkten auf der Erde gemacht wird, dann ist das deshalb so, weil verschiedene Forscher, wie du sehen kannst, sich in denselben Egregor hineinbegeben und mit einer gewissen Regelmäßigkeit Energie daraus aufnehmen."

Daraufhin begleitete mich die Stimme nicht weiter. Ich hatte mich nicht bewegt, aber trotzdem schien alles um mich herum wie aufgelöst. Fast augenblicklich kehrte ich nun in die Position über meinem physischen Körper zurück, der mich erwartete. Mir gefiel die Vorstellung, dass sich diese Forscher beim Aufwachen erst einmal recken und strecken und plötzlich erkennen würden, dass ihnen die Nacht die Lösung für ihr Problem gebracht hatte. Vielleicht würden sie das Gefühl haben, geträumt und einen Teil davon vergessen zu haben, und das würde sie etwas frustrieren. Vielleicht würden sie im Laufe des Tages plötzlich einen genialen Einfall oder eine Intuition haben, so dass sie dieser Einfall später zum "Vater" dieser oder jener Entdeckung machen würde. Und die Großmächte würden sich auf einer anderen Ebene darum schlagen, diese Entdeckung für sich zu beanspruchen, wenn sie mit Ruhm verbunden wäre.

Wie diese Geschichte weitergeht, werde ich vielleicht nie wissen. Sie besteht mit mir oder ohne mich, und das Ganze hat keine Bedeutung.

Seit Jahren lehre ich Auralesen und das Heilen der feinstofflichen Körper zusammen mit meinem Mann, Dr. Antoine Achram. "Lehren" ist vielleicht nicht das richtige Wort, denn auf diesem Gebiet gibt es Empfindungen, die man nicht lernen kann. Aber mit Sicherheit sind wir durch unsere Anwesenheit an einem "Übertragungsprozess" von Heilung beteiligt.

Es gab einmal eine Zeit, in der ich den Mut verloren hatte, weil ich den Eindruck hatte, dass die Fortschritte unserer Schüler, genau wie die von Menschen, die "die Aura sehen" wollen, mikroskopisch klein seien. Die Entmutigung, die sich an einen Teil meines Ego gehaftet hatte, machte jedoch eines Tages dem Staunen Platz: Unter den neuen Schülern gab es immer mehr, die zu "sehen" begannen und viel leichter als früher Kontakt mit den feinstofflichen Ebenen aufnehmen konnten. Monat um Monat konnte ich beobachten, dass weder Antoine noch ich die Ursache dieser Entwicklung waren. Und auch die Schüler schienen eigentlich nicht unbedingt begabter zu sein als die vorherigen. Was war also das Phänomen, das diesen Fortschritt ermöglicht hatte?

Ich brauchte nicht sehr lange, um es zu begreifen. Auf der Grundlage dessen, was Rupert Sheldrake "morphogenetische Felder" nennt, hatten die neuen Schüler von den Anstrengungen der früheren profitiert und konnten durch das Energieschöpfen aus dem Egregor der Essener Therapien raschere Fortschritte machen. Was mit so viel Anstrengung erreicht worden war, hatte sich mit dem Egregor dieser Art von Therapie vereinigt und ergoss sich jetzt über die neuen Schüler, die leichter lernten.

KAPITEL XIV

Gedankenformen und Abtreibung

"Unabhängig davon, was uns umgibt, (...) ist es unser Bewusstseinsniveau, das den Einfluss und den Wert bestimmt, den wir anderen Wesen, Dingen und Ereignissen beimessen."

(Anne und Daniel Meurois-Givaudan, Dalla sottomissione alla libertà, Band 1)

Das Leben "erleben" ist ein häufig schmerzhafter Königsweg, den der Mensch gewählt hat, um seinen eigenen Egoismus zu zerstören und zur Essenz seines Wesens vorzudringen, die das Mitgefühl ist.

Hier ein Beispiel zur Erläuterung dieser Behauptung.

Anfang Februar dieses Jahres schaltete ich eines Abends mechanisch den Fernseher an. Da ich nur selten fernsehe, kannte ich auch die Programme nicht. Ein Chinese, der auf dem Gras lag, redete lächelnd über seine vielen Funktionen in einer Provinz. Die Sendung hatte bereits angefangen, und ich wusste nicht, worum es ging. Aber ich begriff bald, was das Thema war. Seine Rolle bestand unter anderem im Überprüfen der Geburtenkontrolle. Eine Geburt, die in bestimmten Ländern als Anlass zur Freude angesehen worden wäre, nahm hier die düstere Färbung einer nationalen Katastrophe an. Jener Mann schien weder gut noch böse, sondern einfach zufrieden zu sein, eine Arbeit mit einer gewissen Verantwortung zu haben, die ihn zu einem kleinen Chef machte. Er setzte alles daran, die Aufgaben, die ihm übertragen worden waren, erfolgreich zu Ende zu bringen, und eine seiner Aufgaben bestand darin, jede Frau, die mehr als ein oder zwei Kinder hatte, zum Abtreiben und zur anschließenden Sterilisierung zu bewegen.

Wenn das erste Kind ein Junge war, musste das Paar sich damit zufriedengeben, und die Frau musste sich sterilisieren lassen. Wenn das erste Kind ein Mädchen war, durfte das Paar es noch einmal versuchen.

Er erklärte, dass er zu allem bereit sei: die Frauen zum Abtreiben zu bewegen, sie zu sterilisieren, sie zu trösten und in den Arm zu nehmen. Für ihn war das eine Arbeit wie jede andere auch, der er sich mit Leib und Seele verschrieben hatte – oder zumindest mit seinem momentanen Bewusstsein. Und es war eine Arbeit, die ihn zu einer wichtigen Person machte und die es ihm erlaubte, dieses Bedürfnis nach Macht, das so häufig in jedem von uns schlummert, zu befriedigen.

Anschließend übertrug das Fernsehen die Geschichte einer Frau, die auf der Flucht war, da sie bereits zwei Mädchen das Leben geschenkt hatte und ein drittes Kind erwartete. Sie wusste, dass die Beamten der Geburtenkontrolle sie, unabhängig vom Schwangerschaftsmonat, zwingen würden abzutreiben. Das war ein echtes Drama, und das einzige Ziel der Überwachungsmannschaft war es, dafür zu sorgen, dass das Kind nicht geboren wurde. In der ganzen Region hatte daher eine Jagd auf die Frau begonnen. Die Beamten der Geburtenkontrollbehörde waren aufgeregt, weil sie Gefahr liefen, ihre Arbeit zu verlieren. Und die "schuldige" Familie würde wahrscheinlich ihren ganzen Grund und Boden und ihre wenigen Habseligkeiten konfisziert bekommen.

Mich überkam ein tiefes Gefühl der Traurigkeit über diese Unmenschlichkeit unserer Menschheit, und ich dachte an all jene Menschen, die das Leben mit so viel Schmerz erlebten … Junge Seelen, so junge Seelen.

Und ich dachte an jeden von uns, die wir so unterschiedliche Straßen wählen, um unsere Hülle aufzubrechen, und an diese unwahrscheinliche Fähigkeit unserer Seele, die uns vom Leben auferlegten Ereignisse und Begegnungen zu generieren.

Sylvie

Sylvie kam in Begleitung ihres Arztes zu uns. Dieser Arzt, der versuchte, sein Bestes für seine Patienten zu tun, interessierte sich auch für alle neuen Entdeckungen auf dem Gebiet der energetischen Medizin. Die junge Frau war sichtlich erschöpft und geschwächt. Sie hatte Gebärmutterkrebs, und trotz verschiedener Chemotherapien und chirurgischer Eingriffe schritt die Krankheit weiter fort.

Wir hörten uns ihre Geschichte an, was es uns erlaubte, leichter mit ihr auf eine Wellenlänge zu kommen. Während sie redete, beobachtete ich sie. Und je mehr ich sie beobachtete, desto deutlicher sah ich eine Gedankenform um sie herumschweben, die einen Fötus enthielt und mit der Gebärmutterzone verbunden war. Die Farbe der Gedankenform war durchzogen von einem Schuldgefühl und einer Traurigkeit, die über die Gedankenform selbst hinausschwappte und die junge Frau mit einem dichten Schleier überzog. Es war deutlich ersichtlich, dass sich Sylvie immer mehr verschloss und in einem Schmerz im Kreis drehte, aus dem sie nicht mehr imstande war auszubrechen und der sie jeden Tag schwächer machte. Es handelte sich um eine Art Schleier, wie ihn die Frauen in früheren Zeiten als Zeichen der Trauer trugen, der sie jedoch ganz einhüllte und ihr keine Möglichkeit ließ, irgendeine andere Luft einzuatmen.

Ich legte ihr meine Hände auf, ohne persönliche Absichten oder meinen Willen zum Zuge kommen zu lassen. Die Gedankenform sprach von Anfang an intensiv auf die Therapie an. Die Patientin schluchzte und lieferte uns schließlich einen weiteren Anhaltspunkt, den sie uns bis dahin verschwiegen hatte:

"Vor zwei Jahren hatte ich eine Abtreibung, und heute spüre ich, dass ich sie nie akzeptiert habe. Aber das Schmerzlichste für mich ist, dass sie mein Kind in einen Müllsack geworfen haben."

Unter Schluchzen fuhr sie fort:

"Ich habe den Eindruck, es selbst in den Mülleimer geworfen zu haben und kann mir das einfach nicht vergeben. Ich hatte eigentlich gedacht, die Trauer über diese Geschichte gut verarbeitet zu haben. Ich wollte nicht mehr darüber reden."

Das Licht unserer Hände, die wir ihr jetzt gleichzeitig am Kopf und an den Füßen ihres physischen Körpers aufgelegt hatten, wirkte weiterhin in Verbindung mit dem der Gedankenform. Langsam breitete sich Ruhe aus, und Fäden, die glänzender Seide ähnelten, fingen an, ein Lichtnetz um sie herum zu weben, das sie ganz umgab und ihre Gebärmutter mit der Gedankenform verband. Hier und dort wurde der dunkle Schleier etwas dünner und etwas heller. Sylvie fing an, den Weg ihrer Seele zu finden, und

ganz langsam nahm sie den Kontakt mit der Quelle wieder auf.
Unsere Hände setzten ihre Arbeit fort, während die Gedankenform
von einer Lichtwelle in den Regenbogenfarben getroffen wurde.
In diesem Augenblick war alles möglich, aber die Sache hing
nicht von uns ab. Ich schlug daher der jungen Frau vor, mit dem
Wesen zu reden, das sie nicht auf die Welt hatte bringen können.
Sylvie zögerte, doch dann nahm sie den Dialog oder den Mo-
nolog an. Es war ein Kontakt, den sie sich wirklich wünschte.
Und genau in jenem Moment sahen wir neben ihr anstelle der
Gedankenform mit dem Fötus eine Lichtgestalt auftauchen, die
Gestalt einer ganz jungen Frau neben ihr. Wir hatten ihr noch
nichts gesagt, aber Slyvie rief überrascht aus:
"Ich spüre ganz dicht neben mir etwas wie einen frischen
Wind. Und ich sehe Licht."

Aber sie hatte die Augen immer noch geschlossen. Die Lichtgestalt, die jetzt zu ihrer Linken stand, lächelte. Sie sprach nicht,
sondern wartete ab. Plötzlich fing Sylvie in einem Anfall von
bedingungsloser, unendlicher Liebe an zu erzählen. Ohne falsche
Scham und Schüchternheit redete sie über den Schmerz, den sie
seit ihrer frühesten Kindheit empfunden hatte, seit jenem Zeitpunkt, als sie erfahren hatte, dass ihre Mutter versucht hatte, sie
während der Schwangerschaft abzutreiben.

Dann redete sie auch über ihre Abtreibung, die sie nicht gewollt
und die sie so durcheinander gebracht hatte. Sie redete über das
Leben, das sie in sich getragen hatte und das für das Klinikpersonal
so banal und unbedeutend gewesen war. Sylvie redete und erzählte
mit der Stimme eines kleinen, verletzten und abgelehnten Mädchens. Das Schuldgefühl und der Schmerz, welche die Gedankenform genährt hatten, waren immer noch vorhanden, doch nach und
nach breitete sich, wie durch ein Zauberwort ausgelöst, eine Welle
der Ruhe um uns herum aus. Es war die Liebe, die fassbare, dichte,
aktive Liebe, die bereit war, alle Gedankenformen, die noch im
Zimmer hingen, umzuwandeln.

Die Stimme der junge Frau war sanft und ruhig. Sie sagte dem
Wesen, wie viel Liebe sie für es empfand, erklärte ihm, dass sie
sich gewünscht hätte, das alles anders gelaufen wäre, und das,
was dann passierte, kann man kaum beschreiben: Eine Lebensenergie fing an zu fließen, die alles reinigte, was ihr auf ihrem
Weg begegnete.

Von einem Augenblick zum anderen breitete sich Stille im Raum aus wie ein leichter Schleier, der sich über eine intime, geheime Landschaft legt. Sylvie schwieg. Sie lag immer noch mit geschlossenen Augen da, als die Hand des Wesens sie mit einer liebevollen Geste berührte und ihr zu danken schien. Auch das Wesen war jetzt ruhig und befreit von dieser Bindung, die die Schuld zwischen den beiden geschaffen hatte, und konnte nun einem Weg folgen, den nur es kannte.

Sylvie weinte, aber nicht mehr aus Schuldgefühl oder Verzweiflung. Dieses Mal waren es Tränen des Friedens, Tränen intensiver Freude darüber, dass sie begriff und nichts und niemanden mehr verurteilen musste. Sie war nicht mehr wütend auf die Ärzte oder auf ihre Mutter oder auf sich selbst oder auf das Leben. Sie war hier, sie war jetzt hier, und das reichte aus. Sie war hier mit sich selbst, und es war schön. Alle Wellen, die in jenem Moment von ihr ausgingen, hatten die Farben der Botschaften der Liebe, die nichts erwartet, die Liebe der Versöhnung.

Sylvie war nicht länger das ungewollte Kind, das mit aller Macht vertrieben werden sollte, und auch nicht mehr die Frau, die unfreiwillig das Leben, das sie in sich trug, zurückwies. In jenem Moment war sie nur ein Wesen, das im tiefsten Grunde seines Herzens wusste, dass das Leben nie ungerecht ist, dass das, was das Leben uns vorschlägt, ein wichtiger Bestandteil unseres Wegs ist.*

Es ist die durch eine Aktion erzeugte Energie und nicht die Aktion an sich, die für das Entstehen eines Schuldgefühls verantwortlich ist. Der Beamte der Behörde für Geburtenkontrolle in dem chinesischen Dorf dachte nicht, er würde gegen die Natur handeln, aber wenn seine Seele eines Tages eine andere Sichtweise haben wird, die von der Achtung gegenüber dem Leben geprägt ist, wird das Schuldgefühl in ihm Gestalt annehmen und zu einer Gedankenform werden, die ihm auf den Fersen folgen wird, bis er in der Lage sein wird, sich selbst zu vergeben und zu lieben.

---

* Bei Sylvie wurde eine Abtreibung aus therapeutischen Gründen vorgenommen, die sie erschüttert hat, besonders wegen der Geschichte, die sie selbst als Fötus mitgemacht hatte. Das bedeutet jedoch keinesfalls, dass Fehlgeburten, Abtreibungen aus therapeutischen Gründen oder freiwillige Abtreibung Ursache von Krebs sind. Es bleiben jedoch immer ein oder zwei Gedankenformen in der Nähe der Frau zurück, die das Kind nicht bekommen konnte. Siehe auch Daniel Meurois-Givaudan, *Unerwünschte Seelen*, Amrita, Turin 2003.

Ein Schuldgefühl geht auf einen Widerspruch zwischen unseren Aktionen und dem zurück, was unsere Seele, unser Herz, aufgrund seiner Reife einfach weiß. Wenn es zu diesem Widerspruch kommt, beginnt der lange und faszinierende Weg, der uns am Ende sogar dieses Vergeben bringt, das allzu menschlich erscheint. Wir können dann verwandeln und transzendieren und einfach nur noch lieben.

Es kommt häufig vor, dass sich in der Aura einer Frau, die abtreibt oder eine Fehlgeburt hat, eine Gedankenform mit Schuldgefühlen bildet. Diese trägt sie dann wie eine unsichtbare Last solange mit sich herum, bis sich eine Gelegenheit bietet, sie aufzulösen, beispielsweise durch eine Adoption, eine Hilfe oder eine andere Geburt. Es gib viele Möglichkeiten für diejenigen, die etwas gegen das unternehmen wollen, was manche "Fehler" nennen. Eine entscheidende, wohltuende Begegnung für alle ermöglicht es, ein Kapitel abzuschließen, das häufig als unabgeschlossen empfunden wird. Das Leben bietet uns Tausende von Möglichkeiten, damit sich das erfüllt, was sich infolge der Wahl unserer Seelen in diesem Leben erfüllen soll. Es liegt an uns, offen genug zu sein, um das, was wir unweigerlich für unsere Heilung anziehen, nicht zurückzuweisen.

Weiter oben bin ich kurz auf das eingegangen, was die Menschen der östlichen Kulturen "unmittelbares Karma" nennen, d. h. die ausgestrahlte Gedankenform erzeugt eine Handlung, deren Effekt sofort wieder auf den Absender zurückwirkt. Das trifft heute immer häufiger zu, und wir alle können sogar beobachten, dass bisweilen die Rückwirkung äußerst intensiv und schnell erfolgt. So lösen wir, ohne lange warten zu müssen, das, was wir auf einer physischen oder feinstofflichen Ebene erzeugt haben, sofort wieder auf. Das ist wie in dem berühmten Stummfilm *L'arroseur arrosé (Der begossene Begießer)*, nur das uns die Geschichte dieses Mal alle betrifft. Die Erde durchläuft im Moment eine nie dagewesene Reinigungsphase, an der sie uns teilhaben lässt und bei der sie uns allen erlaubt, unser "schweres Gepäck" umzuwandeln, das uns für das bevorstehende Abenteuer zu nichts mehr nütze ist.

KAPITEL XV

Gedankenformen und Genetik

"Erhebe die Augen zum Blau des Himmels und atme. (...) Glaubst du vielleicht, dass einer von uns zum andern gehört? Jeder gehört zu sich selbst."

(Anne und Daniel Meurois-Givaudan, Chemins de ce temps-là)

Unter den Gedankenformen, die in uns und über uns hinaus wirken, sind auch welche, die nicht unsere eigenen sind. Trotzdem ist ihre Wirkung beträchtlich und kann uns unser ganzes Leben vergiften, solange wir sie ignorieren.

Wir haben alle schon von Personen gehört oder Leute gekannt, die an derselben Krankheit gestorben sind wie ihr Vater oder ihre Mutter und auch etwa im selben Alter wie diese. Vielleicht leiden auch Sie an derselben Krankheit wie Ihr Vater oder Großvater, wenn Sie ein Mann sind, oder wie Ihre Mutter oder Großmutter, wenn Sie eine Frau sind. Wenn Sie sagen können: "Ich habe wie mein Vater Herzbeschwerden", oder "Ich habe wie meine Mutter Kreislaufbeschwerden" oder vielleicht auch "Brustkrebs", dann sollten Sie wissen, dass Sie sehr wahrscheinlich in Ihrer Aura eine Gedankenform mit sich herumtragen, die einer ganzen Abstammungslinie von Männern oder Frauen angehört, die Ihre Vorfahren waren.

Ich möchte hier keinen Vortrag über Stammbaumforschung halten, denn das ist nicht meine Spezialität. Andere sind besser darin.* Ich möchte Ihnen jedoch erzählen, was ich in der Aura von Menschen gesehen habe, die an einer Familienpathologie litten.

---

* Anne Ancelin Schützenberger, *Aïe mes Aïeux*, Editions Desclée de Brouwer 1998.

Wenn eine Person unter einem bestimmten körperlichen Problem leidet, beispielsweise an Verdauungsschwäche, oder aber Herzprobleme hat (ich rede hier von dem Organ!), und ihre Eltern oder Großeltern (meist jene vom selben Geschlecht) haben unter demselben "Übel" gelitten, so spricht man im Allgemeinen von einer erblich bedingten Vorbelastung.

Vor gar nicht allzu langer Zeit habe ich erfahren, dass es in den Vereinigten Staaten Ärzte gibt, die Frauen, deren Mütter Brustkrebs hatten, die präventive Entfernung der Brust empfehlen. Glauben diese Ärzte wirklich, so vermeiden zu können, dass die Krankheit die Nachkommen trifft? Das unzureichende Wissen über die Funktionsweise der feinstofflichen Körper führt häufig zu Verirrungen wie diesen, und solange der Körper nur wie ein Mechanismus angesehen wird, den es zu reparieren gilt, fehlt das wesentliche Element für die vollständige Heilung.

Wenn ein menschliches Wesen sich in einer Familie inkarniert, in der eine bestimmte Neigung zu einer Krankheit immer wieder auftaucht, wie kommt es dann, dass ein Kind die Krankheit weitervererbt bekommt und die anderen nicht? Ist das vielleicht ein "Zufall"?

Wenn ich die Aura einer Person, die unter einer "Familienkrankheit" leidet, einmal genauer beobachte, stelle ich häufig fest, dass Gedankenformen vorhanden sind, die mit dem betroffenen Organ in Verbindung stehen. Farbe, Anzahl und Ort des Auftretens dieser Gedankenformen lassen mich erkennen, dass sie nicht nur zu der von der Krankheit betroffenen Person gehören. Häufig enthalten sie nämlich Informationen, die mit den Eltern, Großeltern oder manchmal sogar Urgroßeltern in Verbindung stehen. Um was geht es da genau?

Sylvain

Sylvain war ein alter Freund. Er litt schon unheimlich lange an Sodbrennen, aber er hatte uns gesagt, dass es sich dabei um eine Familienkrankheit handele. Seit einiger Zeit schien er sich jedoch Sorgen deswegen zu machen. Sein Vater war im Alter von vierundfünfzig Jahren an Magenkrebs gestorben. Sein Rückfall, seine Remissionen, die Chemotherapie, die ständigen Untersuchungen und sein schicksalhaftes, schmerzliches Ende, all das hatte sich in

Sylvains Gedächtnis eingegraben. Er redete nicht darüber, aber in einem Winkel seiner Aura lag eine Gedankenform auf der Lauer, die uns sagte, dass Sylvain in Wirklichkeit nichts davon verdaut hatte. Er hatte nur seinen Schmerz verborgen, ohne ihn zu transformieren.

Das Problem zeichnete sich langsam am Horizont der Aura von Sylvain ab: Bald war sein vierundfünfzigster Geburtstag. Die Gedankenform erwachte, wurde durch einen nicht ausgesprochenen, aber sehr wohl in ihm lebendigen Gedanken reaktiviert, der einen engen Zusammenhang zwischen seinen Beschwerden und der Krankheit des Vaters vermutete.

Andererseits hatte unser Freund alle Untersuchungen machen lassen, und es gab keinerlei Hinweise auf Krebs … Aber auch bei seinem Vater war es so gewesen: Niemand hatte etwas bemerkt. Die Krankheit war von jetzt auf nachher aufgetreten und hatte ihm nur wenige Monate Zeit gelassen. Allein der Gedanke daran ließ Sylvains Angst noch weiter steigen.

Die Tage vergingen, und er, der sonst immer so heiter und fröhlich war, versank in einer tiefen Depression. Was ging da vor sich?

Wie wir aufgrund unserer Wahrnehmung gesehen hatten, war da eine Gedankenform, die aufgrund einer bestimmten Situation aktiviert worden war. Die Gedankenform wurde dann durch die Schwingungsfrequenz, durch die Kraft und Beständigkeit, mit der sie genährt wurde, erhalten. Es gibt Gedankenformen, die uns schon lange Zeit verfolgen und andere, die wir von unserer Familie auffangen und dann dafür sorgen, dass sie, wie im Fall von Sylvain, genährt werden.

Wenn wir uns auf den Weg zu einer neuen Inkarnation machen, kommen wir in eine Familie, die ihre Stärken und ihre Schwächen hat und eine bestimmte Weise, die Dinge zu sehen und zu verstehen, und das ist ein nicht zu unterschätzender Faktor bei den Karten, mit denen wir das Spiel des Lebens spielen müssen.

Sylvain konnte bereits bei der Geburt eine Neigung zu Magenbeschwerden mitgebracht haben, denn wie er später entdeckte, war auch sein Opa im Alter von dreiundfünfzig Jahren an einer Magenkrankheit gestorben. Sylvain hatte seinen Vater im Alter von zehn Jahren verloren und ihm gegenüber immer Groll empfunden, weil er ihn damals allein zurückgelassen hatte. Seit jener

Zeit war die Magenschwäche sein ständiger Begleiter, nicht wie ein "Firmenstempel", sondern wie ein Stempel, den ihm die Familie aufgedrückt hatte.

Ab jenem Zeitpunkt konnte sich diese anfängliche Magenschwäche, je nachdem wie Sylvain die Ereignisse des Lebens annahm oder ablehnte und mit welcher Einstellung er mit seinen eigenen Schwierigkeiten umging, in eine Krankheit verwandeln – oder auch nicht.

Auch der Vater von Sylvain hatte seinen Vater im Alter von zehn Jahren verloren, demselben Alter wie Sylvain. Sylvain wuchs in einer Familie auf, die von vielen "schlecht verdauten" Trauerfällen geprägt war, und in der Familie väterlicherseits herrschte darüber hinaus eine Einstellung des Nicht-Akzeptierens dieser sog. "Ungerechtigkeiten des Lebens" vor. Der kleine Sylvain, der von dieser Lebenseinstellung geprägt wurde, hatte dieselbe Haltung wie sein Vater angenommen – und wahrscheinlich auch wie sein Opa.

"Das Leben ist ungerecht, und ich bin nicht bereit zu akzeptieren, was es mir vorsetzt." Mit diesem Satz ließe sich das zusammenfassen, was der Kleine bei jedem neuen Trauerfall und jeder ähnlichen Lebensprobe empfunden haben musste.

Und an diesem Punkt verwandelte sich eine einfache Schwäche in eine Krankheit.

Da Sylvain die Ereignisse aus derselben Perspektive wie sein Vater und sein Opa sah, reaktivierte er eine Gedankenform, die ihn immer mehr schwächte.

Wir haben ihn gefragt, ob er wusste, was mit seinem Großvater geschehen war. Daraufhin hat er sich informiert und hat endlich seine Geschichte verstehen können.

Sein Großvater hatte im Ausland gearbeitet. Es war eine angesehene Arbeit mit einem guten Gehalt, und als er mit der ganzen Familie nach Frankreich zurückkehrte, lebte er wie ein großer Herr, ohne Kosten zu scheuen. Doch eines Tages geschah etwas, das diesem sorglosen, leichten Leben ein Ende bereitete: Er wurde zu Unrecht beschuldigt, Gelder unterschlagen zu haben.

Da er fast das Pensionsalter erreicht hatte, wurde er entlassen, und seine Pension wurde ihm um die Hälfte gekürzt. Da er noch jung war, machte er Schulden, kaufte sich eine alte Apotheke und schmiedete Pläne, wie er sie wieder auf Vordermann bringen könnte. Doch ein Jahr später bat ihn der Buchhalter seiner kleinen Firma dringend um einen Termin. Da erkannte der hoch verschuldete Großvater, als er sich die Bilanzen ansah, dass man ihm übel mitgespielt hatte. Die Apotheke war viel weniger wert, als er dafür bezahlt hatte, und die Gewinne stimmten nicht mit den in den Büchern aufgeführten überein, die man ihm am Anfang gezeigt hatte.

Verdrossen über dieses neuerliche Fiasko und völlig ruiniert, starb er nur wenige Monate später an einem Magenkrebs.

Trotz allem und dank der Hilfe einer Tante konnte Sylvains Vater sein Studium abschließen. Er wurde Arzt, machte eine Gemeinschaftspraxis mit anderen auf und arbeitete gut. Doch eines Tages erhielt er einen offiziellen Brief von einem Rechtsanwalt, der eine schwere Anklage enthielt: unterlassene Hilfeleistung.

Der Arzt war sich keiner Schuld bewusst. Er hatte seine Arbeit immer nach bestem Wissen und Gewissen gemacht. "Das ist wirklich ungerecht", dachte er, ohne zu begreifen, was da vor sich ging. Zu seinem Leidwesen musste er entdecken, dass sich eine junge Frau nach dem Verlassen seiner Praxis umgebracht hatte. Die Eltern der jungen Frau hatten ihn angezeigt. Es waren einflussreiche Leute, und ein Prozess folgte dem anderen. Sylvains Vater konnte nicht mehr schlafen. Er war bitter und aggressiv geworden, und nach und nach blieben auch die Patienten aus. Seine Praxis blieb leer. Und zu jenem Zeitpunkt entdeckte er dann, dass er Magenkrebs hatte.

Sylvain war Apotheker, und die Dinge liefen nicht, wie er es gern gehabt hätte. Auch er war von dem Verkäufer vor etwa vier Jahren übers Ohr gehauen worden, und jetzt musste er seine Bilanzen dem Gericht vorlegen. Was er als einen "Fehlschlag, eine Ungerechtigkeit" auslegte, kam zum Tode des Vaters, den er nie richtig verarbeitet hatte, noch dazu. Nach dem Tod musste die Mutter sehr viel arbeiten, um das nötige Geld für die Bedürfnisse der Kinder zu verdienen, und inzwischen war sie aufgrund von depressiven Krisen in eine Klinik eingewiesen worden. Manchmal stand sie völlig neben sich.

Sylvain reaktivierte all jene Gedankenformen der Ungerechtigkeit und Rebellion, die ihn ständig umgaben. Da waren sie, verbunden mit dem Magen und mit dem dritten Chakra, und warteten nur darauf, durch jedes Ereignis im Leben von Sylvain genährt zu werden und diesem Ereignis ihren Anstrich zu verpassen.

Würde Sylvain sich weiterhin der Egregore des Grolls, der Wut und der Angst bedienen und mit diesen Gedankenformen verkettet bleiben, oder würde er sich entscheiden, das Leben auf eine andere Weise "zu atmen"? Würde er weiterhin in Vertretung das Leben seines Vaters und seines Großvaters leben, oder würde er sein eigenes entdecken? Würde er sich einverstanden erklären, seine eigene Geschichte aufzulösen und ein Familienvermächtnis umzuwandeln, das nicht seines war?

Sylvain sagt "Ja". Er sagte es mit dem Kopf und mit dem Herzen. Er wollte eine neue Seite in seinem Leben aufschlagen, und dieses Mal fühlte er sich in der Lage, einem Weg zu folgen, der nur sein eigener war. Er akzeptierte die Herausforderung, und mit dieser Annahme konnte sich das Wunder der Transmutation vollziehen.

Innerhalb weniger Monate wurde aus Sylvain ein anderer Mann. Er war nicht mehr sauer auf das Leben und hatte beschlossen, wirklich alles zu verändern. Er war weggegangen, um mit seiner ganzen Familie auf einer Insel zu leben, und er wurde im angenehmen Rhythmus der Tropen neu geboren. Hier musste er niemandem mehr etwas beweisen und auch keine Ehre verteidigen.

Seit Jahren hat er keine Magenschmerzen mehr, und das vierundfünfzigste Lebensjahr liegt schon einige Zeit hinter ihm.

Die Frage, die wir aus dieser Geschichte ableiten können, ist folgende:

"Warum inkarnieren wir uns in einer Familie, in der wir Gedankenformen übernehmen, die nicht unsere eigenen sind?"

Wenn ich hier sage "die nicht unsere eigenen sind", so muss ich das etwas näher erläutern, da diese Aussage nicht genau stimmt. Denn in Wirklichkeit ist es unmöglich, eine Gedankenform zu empfangen, die wirklich absolut nichts mit uns zu tun hat. Wenn wir uns, sozusagen in Form eines Vermächtnisses, eine Gedankenform aufbürden, die praktisch von Generation zu Generation weitergegeben wird, dann liegt das daran, dass auch wir auf unserer Ebene etwas haben, das sich in Einklang mit der von der Gedankenform ausgestrahlten Energie befindet. In der Geschichte von Sylvain gibt es eine Sache, die wir "das Nicht-

Verdauen von Ereignissen, die ungerecht scheinen" nennen könnten. Und wenn er sich dieses Erbe aufgebürdet hat, liegt das daran, weil er seit ewigen Zeiten diese Verletzung mit sich herumträgt.

Es ist nicht wichtig, wie lange das schon so geht und worum es sich genau handelt, doch es ist entscheidend zu wissen, dass wir nichts "zufällig" auffangen und dass es im Falle einer Familien-Gedankenform immer daran liegt, dass diese Gedankenform einer Verletzung von uns entspricht.

Wenn wir gesund werden (und ich habe keinen Zweifel daran, dass wir gesund werden können, weil uns unsere Epoche wenig Auswege lässt), dann schließt diese Heilung nicht nur all unsere zukünftigen Nachfahren mit ein, die etwas mit dieser Geschichte zu tun haben könnten, sondern wir befreien damit auch unsere Vorfahren davon. Das sind die "Wunder", die uns das Leben dank des Netzes unserer gegenseitigen Abhängigkeit bietet.

Niemand hat je einen Samen in den Himmel gesät, und wenn wir den Weg der Heilung beschreiten wollen, müssen wir aufhören zu versuchen, vor der Erde und dem, was sie uns zu bieten hat, zu fliehen. Wenn ich Sätze höre wie: "Ich fühle mich auf dieser Erde nicht wohl, sicher komme ich von einem anderen Ort, und dorthin möchte ich auch gerne zurückkehren", so kann ich das zwar verstehen, aber ich finde es bezüglich dessen, was wir vorgeben zu sein, völlig unangemessen. Wer seine eigene Inkarnation ablehnt, wird nie gut verwurzelt sein, und ohne Wurzeln können wir wirklich nicht aufsteigen. Dann würde mit uns dasselbe geschehen wie mit Bäumen, die hart vom Wind gepeitscht werden: Wir würden entwurzelt!

KAPITEL XVI

Gedankenformen und Familiengeheimnisse

"Die Toten sind unsichtbar, nicht abwesend."

(Hl. Augustinus)

Im Falle von Sylvain haben wir gesehen, wie Gedanken-formen uns dazu bringen können, eine Art "Familienkrankheit" zu entwickeln. Auf der Verhaltensebene ist ihre Wirkung ganz ähnlich.

Wir alle kennen Personen, die Lebensabschnitte erlebt haben, die denen ihrer Eltern sehr ähnlich waren. Ich erinnere mich bei-spielsweise an ein Seminar, dass ich zusammen mit Antoine abhielt, bei dem die Teilnehmer irgendwann erstaunt feststellten, dass viele von ihnen drei Kinder bekommen hatten, wie ihre Mutter, sich mit fünfunddreißig hatten scheiden lassen, wie ihre Mutter, und einer Arbeit nachgingen, die in vieler Hinsicht dem entsprach, was ihre Mutter gerne getan hätte.

Dinge wie diese haben keinen entscheidenden Einfluss und gehen auch mit keiner besonderen Krankheit einher. Allerdings merken wir dadurch, dass wir eigentlich nicht wirklich wir selbst sind. Daraus kann sich eine Verhaltensstörung entwickeln, denn tatsächlich können uns bestimmte Gedankenformen dazu veran-lassen, genau das Gegenteil von dem zu tun, was unser innerstes Wesen sich wünschen würde. Und das macht uns zu Menschen, die am Schuldgefühl erkranken.

In meinem Buch *Auralesen und alte Therapien der Essener** führe ich den Fall eines Freundes an, der an einem Darmtumor gestorben ist, der sich durch nichts hatte beseitigen lassen. Die mit dem erkrankten Organ zusammenhängende Gedankenform hatte

---

* Erschienen im Silberschnur Verlag 2007

das Gesicht einer jungen Frau, seiner einzigen Tochter enthalten. Dieser Freund hatte sie verlassen, weil er dachte, dass es
für sie besser sei, sie bei ihrer Mutter und deren Ehemann zu
lassen, der natürlich glaubte, dass sie seine Tochter sei. Was
unser Freund nicht wusste, war die Tatsache, dass er unter dem
Einfluss einer Gedankenform des Verlassens gehandelt hatte.
Denn er hatte immer geglaubt, er selbst sei als ganz kleines
Kind von seinem Vater verlassen worden. Das entsprach zwar
nicht der Wahrheit, hatte aber trotzdem eine tiefe Spur in seinem Unterbewusstsein hinterlassen. In Wirklichkeit war sein
Vater bei einem bewaffneten Konflikt während einer Revolution
umgekommen, aber seine Mutter hatte ihm das nie erzählt. Sein
Herz und seine Seele litten gleichermaßen unter diesen zwei
Fällen des Verlassens bzw. Verlassenwerdens. Er fühlte sich
unbewusst schuldig für den zweiten Fall, und das Familiengeheimnis um den Tod seines Vaters nahm ihm jede Möglichkeit, die Geschichte bewusst zu lösen.

　　Ein Familiengeheimnis kann umbringen! Es ist wie der Dec-
kel auf einem Dampfkochtopf. Früher oder später kommt es
schließlich zur Explosion.

　　Auf der feinstofflichen Ebene wirkt die Gedankenform, in der
das Geheimnis enthalten ist, auf verschleierte Art. Sie ist daher
noch gefährlicher und furchterregender für den Menschen, der
sie mit sich herumträgt, weil sie ohne das Wissen aller ihr
Unwesen treibt.

　　Eine junge Frau hat uns einmal folgende Geschichte erzählt:
Als sie ganz klein war, hatte sie immer große Schwierigkeiten
einzuschlafen. Tatsächlich sah das Mädchen über ihrem Bett
immer eine Form herumschweben, die einem Neugeborenen
glich. Sie hatte große Angst und blieb den größten Teil der Nacht
wach, weil sie fürchtete, dass diese Gestalt sie berühren könnte.
Sie sah sie solange, bis sie ihre Mutter eines Abends mit einer
Tante über die Schwangerschaft reden hörte, die sie vor ihrer
eigenen Geburt gehabt hatte. Sie hatte ihren ersten Sohn geboren,
doch er war kurz nach der Entbindung gestorben. Es war für sie
sehr schwer gewesen, über diesen traurigen Todesfall hinweg-
zukommen. Nach diesem mitgehörten Gespräch war die Kleine
keineswegs durcheinander, sondern fühlte sich vollkommen frei.
Sie hätte vor Lust lachen und rennen können, und an jenem

Abend konnte sie endlich friedlich einschlafen. Von da an sah sie nie mehr diese Gestalt über ihrem Bettchen.

Was mit ihr passiert war, ist einfach: Sie hatte unbewusst das Drama und die Gedankenform, die noch in der Aura der Mutter herumschwebte, wahrgenommen, konnte sich jedoch das, was die anderen sich weigerten, ihr zu erzählen, nicht erklären. Bis zum Alter von sieben Jahren sind die Kinder jedoch mit ihrer Mutter über eine feinstoffliche Nabelschnur verbunden, die sie alles, was ihre Mutter betrifft, viel deutlicher wahrnehmen lässt als später. Das Mädchen hatte also das gesehen, was sich in dem Raum um ihre Mutter befand und machte die geheimnisvolle Geschichte, die der Grund dafür war, zu ihrer eigenen.

Was wir auch tun, ein nicht erzähltes Drama wird von einem Kind mit einem geheimnisvollen Schleier wahrgenommen, der es noch eindrucksvoller macht.

Wir brauchen keine Worte, um eine Gedankenform wahrzunehmen, und kleinen Kindern gelingt es häufig besonders gut, weil ihr Verstand noch kein Hindernis darstellt. Worte aber können eine Situation in kürzester Zeit entschärfen und dafür sorgen, dass alles eine weniger dramatische Note bekommt.

Wir alle kennen im Leben schwierige Momente oder solche, die uns schwierig vorkommen: Inzest, Gewalt, Selbstmord, Konkurs, Verbrechen oder Verlassenwerden. Alles kann im Leben auf eine Art und Weise erlebt werden, die es, je nachdem aus welcher Perspektive wir es sehen, in einem ganz anderen Licht erscheinen lässt. Versuchen wir, uns unseren Weg und den unserer Kinder und Enkel nicht unnötig zu erschweren, indem wir im Grunde unseres Herzens Dinge unter Verschluss halten, die uns furchtbar erschienen, als wir sie erlebten. Sehen wir sie uns mit mehr Abstand an, und entschärfen wir das Ganze, indem wir uns einfach an die Fakten halten.

Sam

Der Fall von Sam ist wirklich etwas Besonderes. Als er zu uns gebracht wurde, galt er als "autistisches Kind". Aber weder Antoine (als Arzt) noch ich geben viel auf Worte. Also beobachteten wir dieses sechsjährige Kind, das manchmal lächelte und sich andere Male impulsiv und aggressiv an seine Eltern klammerte. Es war nicht möglich, bei ihm die Aura zu lesen, aber es gibt ja noch so viele andere Formen des Zuhörens und Kommunizierens …

Also beobachtete ich Sam, und langsam wurde mein Blick immer mehr vom oberen Teil seines Körpers angezogen. Alles schien sich hier abzuspielen. Der kleine Sam hatte keine Wurzeln, in ihm wurde eine Weigerung erkennbar, sich in der Materie zu inkarnieren. Das ganze Licht, das ihm innewohnte, tanzte und schwirrte im oberen Teil seines physischen Körpers herum, und durch seine Augen nahm ich noch andere flüchtige Blicke wahr, die blitzschnell wieder vorbei waren und nicht von Menschen zu stammen schienen.

Ich ließ mich in einen Zustand entspannter Aufmerksamkeit fallen, um für alles, was da kommen mochte, offen zu sein. Ich wusste, dass sonst nichts zwischen dem kleinen Sam und mir passieren würde. Wenn mein Wunsch, ihm zu helfen, oder mein Verstand sich eingeschaltet und in Bewegung gesetzt hätten, wären sie ein Hindernis gewesen und hätten wie ein Schutzschild zwischen uns gestanden, was eine echte Kommunikation zwischen uns unmöglich gemacht hätte oder nur ganz wenig hätte durchdringen lassen.

Einige Minuten vergingen, sie schienen lang, ungeheuer lang und nicht enden wollend. Doch dann plötzlich nahm ich zuerst eines und dann zwei und dann eine Unmenge von kleinen Wesen wahr, die Naturgeistern glichen und sich jetzt sehen ließen. Ich erkannte ihren spitzbübischen, spielerischen Blick, derselbe, der kurz zuvor in Sams Augen aufgeblitzt war. Sie waren wie Lachsalven und kleine Wesen, die ich gut kannte. Sie kannten den Begriff der irdischen Moral nicht. Sie spielten, experimentierten mit der Materie, wo sie konnten, ohne jemandem damit schaden zu wollen. Sie spielten einfach, und für sie zählte nichts außer dem, was ihnen Vergnügen bereitete und Spaß machte. Sie waren es, die für Momente den physischen Körper von Sam bewohnten und ihn sich auf eine Art verhalten ließen, die uns verwirrte. Ich versuchte, mit ihnen über Bilder zu kommunizieren, als ich plötzlich in mir die Stimme von einem von ihnen hören konnte. Hier ist die treue Wiedergabe dessen, was es mir mitteilen wollte:

"Wir sind hier, um Sam zu helfen. Er hat in einem Körper aus Materie Platz gelassen und weigert sich, ihn vollständig auszufüllen. Also haben wir eine Abmachung mit ihm geschlossen: Wir dürfen durch ihn die Materie erfahren, bis er sich entscheidet, seinen gesamten physischen Körper in Besitz zu nehmen. In der Zwischenzeit verleihen wir diesem Körper Leben und nähren ihn. Sam will und kann nicht ganz in den Körper heruntersteigen, weil es in seiner Familie eine alte Geschichte gibt, die seine Inkarnation blockiert und behindert."

Ich fragte mich daraufhin, ob es wirklich möglich ist, dass eine Gedankenform das Leben blockiert, und ging rasch meine Erinnerungen durch. Da fiel mir wieder eine Freundin ein, die mir einmal erzählt hatte, dass in ihrer Familie keine Kinder auf die Welt gekommen waren, bis ihre Mutter endlich eine Geschichte enthüllt hatte, die sie erlebt, aber noch immer nicht verdaut hatte. Nach der Enthüllung nahm alles wieder seinen natürlichen Gang. Aber ist es denn wirklich immer so einfach, jedes Mal?

Völlig in meine Gedanken versunken, hatte ich nicht bemerkt, dass die Stimme jetzt schwieg und genauso schnell wieder verstummt war, wie sie eingesetzt hatte.

Sams Eltern waren glücklicherweise offene Menschen und hatten schon von Naturgeistern gehört. Sie hörten auf mich und stürzten sich in die Erinnerungsbilder ihres Lebens, um eine Spur zu finden, die uns helfen konnte. Doch dieses Mal kam ihnen nichts in den Sinn. Sie kehrten also nach Hause zurück, um herauszufinden, ob es etwas Verstecktes, Unausgesprochenes gab, das immer noch an einer der beiden Familien, aus denen sie stammten, nagte.

Nach langen Nachforschungen bekam Sams Mutter von ihrer Großtante folgende Geschichte zu hören:

"Meine Schwester, deine Großmutter, hat etwas Fürchterliches erlebt. Du fragst mich jetzt schon monatelang nach unserer Familie aus, und ich habe gut nachgedacht. Ich werde dir erzählen, was passiert ist, weil ich die Einzige bin, die darüber auf dem Laufenden ist. Sie ist mit diesem Geheimnis im Herzen gestorben, und ich glaube, dass du Recht hast und wir besser nicht mehr an gewissen alten Geschichten festhalten sollten.

Annie und ich haben eine schwierige Kindheit gehabt, über die wir euch nie etwas erzählen wollten, vielleicht weil wir uns vor uns selbst schämten, oder aus Angst, verurteilt zu werden, aber auch, um euch diese Bürde nicht auch noch aufzuladen.

Wir haben es vorgezogen zu vergessen, aber jetzt habe ich begriffen, dass es nie möglich ist, ein Ereignis auszulöschen ... Wir tun nur so als ob wir uns nicht mehr daran erinnern würden und versuchen weiterzuleben."

Die Tante machte eine Pause, um zu Atem zu kommen. Da saß sie, tief versunken in ihrem Sessel, und zwirbelte mit den Fingern nervös an der Wolldecke herum, die sonst auf ihren Beinen lag, wenn sie ihr Mittagsschläfchen hielt. Ihr Blick schweifte in die Ferne auf der Suche nach Worten, um die Fakten zu erzählen. Das Heraufbeschwören dieser Erinnerung machte sie sichtlich nervös, und ihr Unbehagen bei dem Gedanken, darüber reden zu müssen, war erkennbar. Mit einem tiefen Seufzer fing sie jedoch schließlich an:

"Jeder Tag unserer Kindheit war für uns beide ein schrecklicher Tag, an dem sich immer dieselbe Geschichte wiederholte. Der Vater unserer Mutter, der bei uns lebte, war ständig hinter uns her. Er beobachtete uns, während wir uns wuschen, und kam am Abend zu uns in unsere Betten, um uns zu berühren. Er beschwor uns dabei, nichts davon zu erzählen, weil wir sonst schwer bestraft würden. Wir wussten genau, dass das, was er da machte, nicht richtig war, etwas in uns wusste es, aber wir hatten so große Angst, und außerdem dachten wir, dass wir schuld seien ...

Als wir heranwuchsen, war der Großvater immer noch da und noch lasterhafter als zuvor. Der Inzest ging solange weiter, bis meine Schwester, also deine Großmutter, schwanger wurde. Sie war gerade erst fünfzehn geworden. Ich weiß, dass du jetzt denkst, dass wir dumm waren, nichts darüber zu erzählen, aber damals war das so schwierig. Mama dachte immer, ihr Vater sei ein heiliger Mann, der liebevoll auf die Enkelinnen aufpasste, während sie zusammen mit Papa bei der Arbeit auf dem Feld war.

Uns ist es gemeinsam gelungen, diese Schwangerschaft zu verheimlichen und nach einer fehlgeschlagenen Abtreibung ist Annie von zu Hause weggelaufen und hat sich bis zur Geburt versteckt. Unsere Eltern machten sich große Sorgen und ließen überall nach ihr suchen. Ich ging heimlich zu ihr und sagte ihnen einfach, Annie sei mit einem Mann weggelaufen, aber es ginge ihr gut. Sie waren unheimlich wütend auf sie und wollten sie nie mehr sehen.

Als sie endlich entbunden hatte, nahm eine christliche Familie das Kind unter der Bedingung an, dass sie es nie mehr wieder-

Auswahl einiger sichtbar
gemachter Gedankenformen

Umriss eines Körpers mit den wichtigsten Energiebahnen und
Energiekörpern (nicht von Gedankenformen verseucht).

Gedankenformen, die Personen enthalten, die in Verbindung
mit dem gegenwärtigen Gesundheitsproblem stehen.

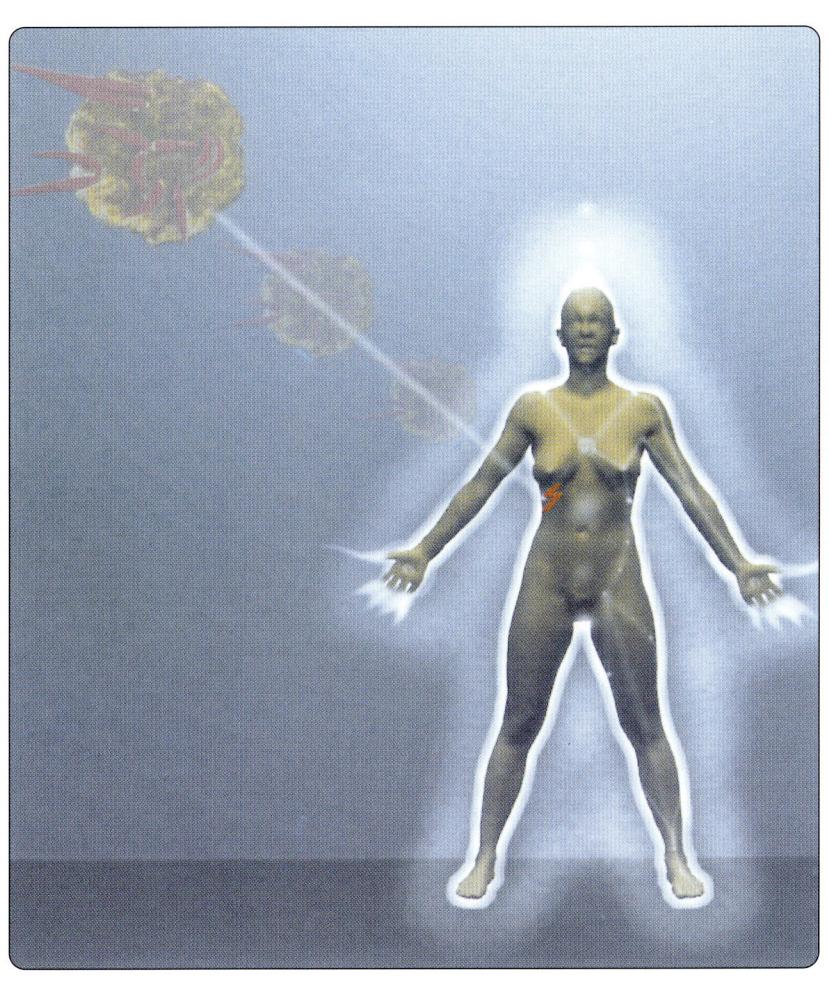

Eine Reihe von wutgeprägten Gedankenformen,
die eine Leberkrankheit auslösen.

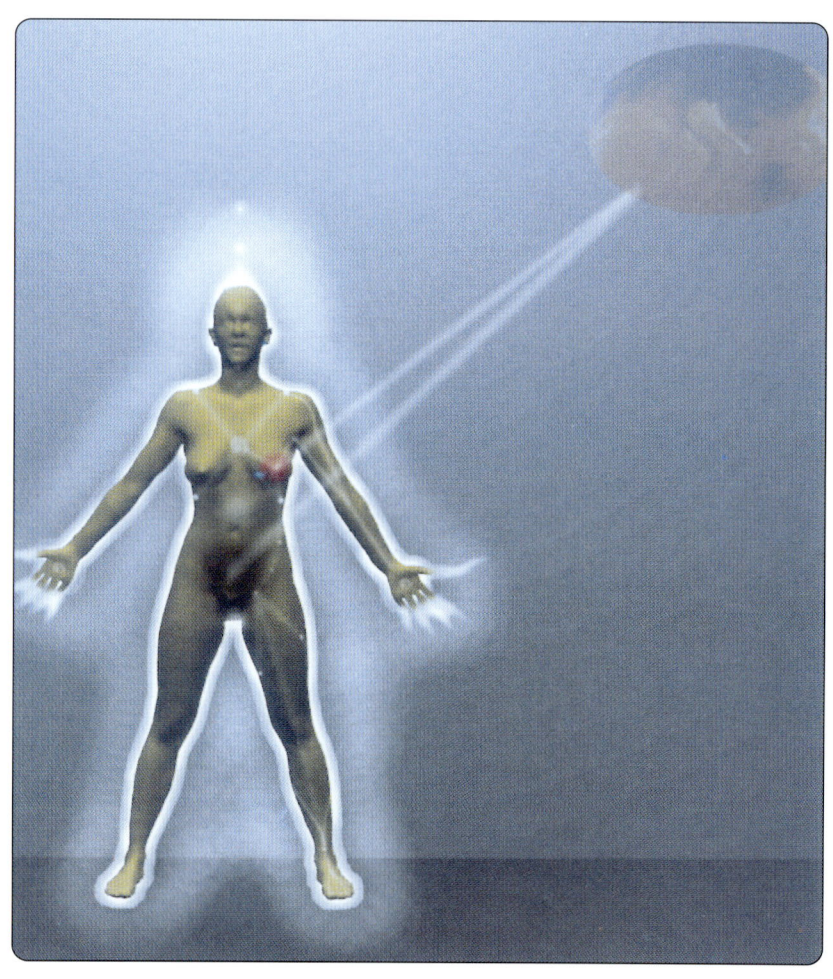

Gedankenform nach einer Abtreibung oder einer Fehlgeburt,
die einen Fötus enthält.
Betroffene Organe: Brust und Genitalien

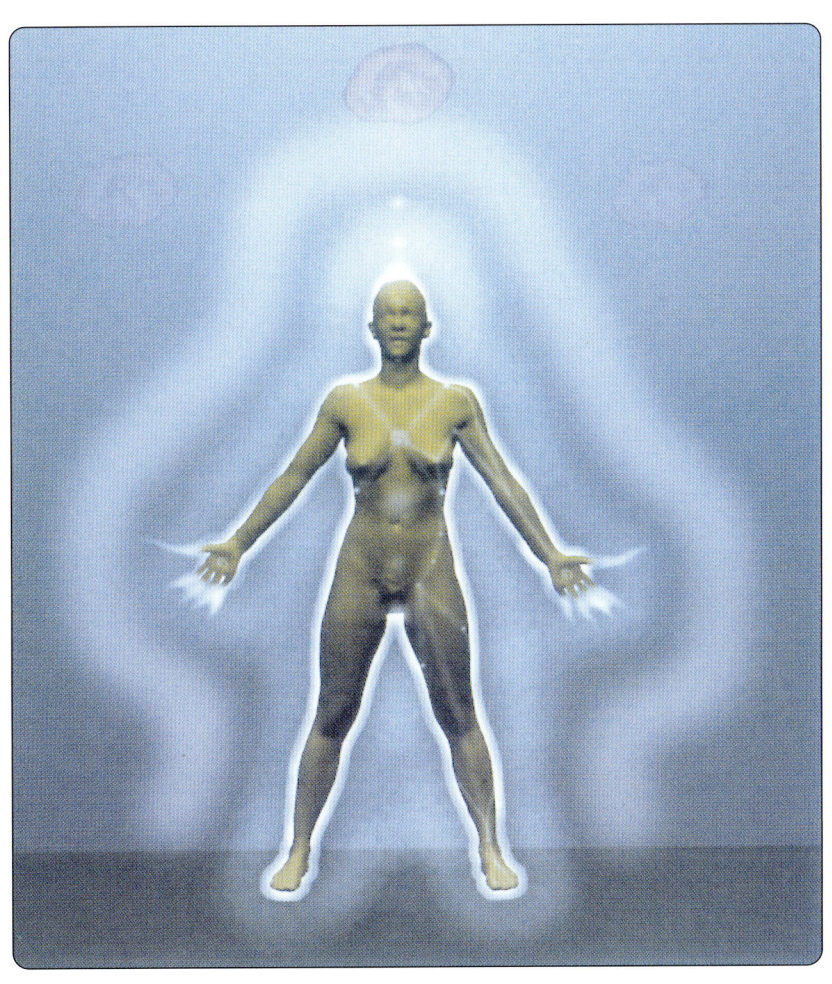

Durch Gedankenformen der Liebe dynamisierte Aura.

sehen würde. Wir waren noch so jung und ganz glücklich darüber, dass die Dinge letztendlich so gelaufen waren. Aber es war offensichtlich, dass es für Annie sehr hart war. Am Tag der Geburt war sie wie ein kleines Mädchen gewesen, das ein Neugeborenes im Arm hält und lernt, die Mama zu spielen. Aber danach, als das Ehepaar ankam, um den Kleinen abzuholen, war es kein Kinderspiel mehr. Ich habe in den Augen meiner Schwester die ganze Verzweiflung der Welt gesehen.

Ich tat, was ich nur konnte, um ihr zu helfen, aber wir waren nur ein Jahr auseinander und hatten beide schon so viele traumatische Erlebnisse durchgemacht.

Später lernte sie dann deinen Großvater kennen, von dem sie fünf Kinder bekam. Natürlich haben ihr unsere Eltern ihre Flucht verziehen und haben niemals etwas von dieser Geschichte erfahren. Als unser Großvater endlich an einem Stück Brot starb, das ihm im Halse stecken geblieben war, muss ich sagen, dass es für uns beide eine große Erleichterung war.

Ich weiß, dass die Augen meiner Schwester so oft von derselben unendlichen Traurigkeit erfüllt waren, die ich gesehen hatte, als sie ihr erstes Kind weggeben musste, und ich weiß auch, dass sie lange Zeit alles daran gesetzt hat, den Jungen wiederzufinden. Wer weiß, ob es ihr gelungen ist, ihn wiederzusehen oder auch nur heimlich einen Blick von ihm zu erhaschen, bevor sie gestorben ist. Ich glaube, sie hätte es mir erzählt, wenn es so gewesen wäre … aber das weiß nur Gott allein.

Vielleicht erfahrt ihr eines Tages noch mehr darüber, wenn es euch je gelingen wird, diesen Mann zu finden, und dann wird diese traurige Geschichte endlich abgeschlossen sein."

Ich weiß nicht, was die Eltern von Sam mit dieser Information angefangen haben, aber ich habe vom Therapeuten von Sam gehört, wie es ihm geht. Er ist immer gegenwärtiger auf der Erde und kann jetzt sogar zur Schule gehen.

Auch wenn sich das von selbst versteht, möchte ich hier noch klären, dass das, was auf Sam zutrifft, nicht für alle autistischen Kinder gilt. Jede Person schlägt einen Weg ein, der ihr eigener ist und der die Gründe bestimmt, weshalb sie sich weigert, auf die Erde zu kommen. Trotzdem ist es wichtig zu begreifen, dass die Gedankenform eines Familiengeheimnisses den Abstieg einer Lebensform in die Materie blockieren kann, solange das

Problem nicht in angemessener Form und in akzeptablem Umfang gelöst wurde.

Die feinstoffliche und elektromagnetische Energie, die ein Problem dieser Art nährt, erzeugt eine dunkle Wolke über dem Kopf der Menschen, die darin verwickelt sind und blockiert das Fortschreiten ihres Lebens auf einer oder mehreren Ebenen, die körperlich, physisch oder feinstofflich sein können.

Allzu häufig nehmen wir an, dass etwas, das unserer Einschätzung nach "von einer feinstofflichen Ebene" zu kommen scheint, nicht fassbar sei, und doch ist heute dank einer Physik, die weit über die einfache Materie hinausgeht, und Forschern wie Pribram bewiesen, dass das Herz, allein durch die Energie, die es aussendet und über seinen Vermittler, das Gehirn, einen außerordentlichen Einfluss sogar auf die dichte Materie ausübt. Es überträgt die Energie, die in ihm steckt, und bedient sich der Gedankenformen. In Ermangelung einer Vorstellung von gerecht und ungerecht, gut und böse, lassen wir so ein ums andere Mal ganze Berge auf unserem Weg entstehen und machen sie wieder dem Erdboden gleich, bis wir schließlich zum Ursprung zurückfinden werden, von dem wir uns abgeschnitten haben.

Transparenzübung

Stellen Sie sich einen ganzen Tag lang vor, transparent zu sein. Sie sind ein Wesen, das keine Geheimnisse hat, heute ist alles in Ihnen und um Sie herum ganz klar.

Jede Person, die Ihnen über den Weg läuft, kann in Ihnen lesen, wie in einem Spiegel, denn Sie verheimlichen oder verhüllen nichts. Das Lächeln, das Sie den anderen schenken, verhüllt nichts als ein Lächeln, Ihre Worte sind wahr, und was Sie sagen, ist nicht wertend.

"Die Geheimnisse" sind Ihnen gleichgültig, genauso wie auch das, was man sich erzählt, der Tratsch und die Heimlichtuerei, sie nicht berühren. Sie beteiligen sich in keiner Weise daran.

Schenken Sie sich einfach ab und zu so einen Tag in Ihrem Leben. Und dann immer öfter: einen Tag der Läuterung und der Reinigung. Und spüren Sie dann am Abend, wenn Sie ins Bett gehen, von welchem Wohlbefinden Sie erfüllt werden und wie sich Ihre Energie erneuert hat.

Bis jetzt ging es um die Gedankenformen von Einzelpersonen oder Familien. Wenn man diesen Gedanken weiterspinnt, muss es natürlich auch eine "Genetik der Gesellschaft" mit ihren entsprechenden Reaktionen, ihrer besonderen Sensibilität, ihrer "Weisheit" und ihren Überzeugungen und Werten geben, die uns, lange bevor wir uns körperlich inkarnieren, vermacht wird. In den neun Monaten, die der Geburt vorausgehen, und häufig auch schon, bevor wir unseren Abstieg in Richtung Erde antreten, programmieren und empfangen wir die Prägung der Eltern, die einer größeren Gruppe angehören, genauso wie einer bestimmten Kultur und einer bestimmten Zeit. So gehören wir also "genetisch" einer Gesellschaft mit ihren Vorstellungen und Ritualen an, die uns konditionieren werden, egal ob wir sie schätzen oder nicht.

Wir glauben deshalb, "Wurzeln" zu haben, aber es sind gerade diese Wurzeln, die sich häufig wie Schatten, die Sicherheit verleihen, in Gefängnisse und Schablonen verwandeln, die von Krieg und Konflikten geprägt sind.

Nur die Liebe und die Kraft unserer Seele werden es uns erlauben, aus den engen Grenzen unserer Kultur auszubrechen, darüber hinauszuwachsen und uns zu entwickeln. An dem Tag, an dem wir frei von der Sichtweise sein werden, mit der wir das Leben sehen, werden wir die Last der Vererbung der Menschheit dieser Erde, die unser ständiger Begleiter ist, umwandeln.

KAPITEL XVII

Parasitäre Gedankenformen

*"Die Hülle, von der ihr euch befreien müsst,
ist die eures Leidens (...) die der Nichtliebe!"*

(Anne und Daniel Meurois-Givaudan,
Chemins de ce temps-là)

Seit über zwanzig Jahren bin ich im Dienste der feinstofflichen Energien tätig, und in so vielen Jahren des Auralesens
habe ich bemerkt, dass ab und zu Gedankenformen auftauchen,
die wir als "parasitär" definieren könnten. Ich nenne sie so, weil
sie eine Geschichte oder eine Tatsache enthalten, die nichts mit
einem Ereignis im gegenwärtigen Leben der Person zu tun hat,
die sie mit sich herumträgt, und auch nichts mit einer bestimmten
Episode aus ihrer Vergangenheit.

Diese parasitären Gedankenformen, die weniger belastend
und weniger einengend sind als die familiären, können jedoch
zu einem Verhalten, einer Einstellung oder einer Denkweise
führen, die mit denen der betroffenen Person nur sehr wenig zu
tun haben.

Eines Tages kam eine junge Frau zu mir in die Beratung, weil
sie eine lähmende Angst davor hatte, vergewaltigt zu werden.
Weder irgendetwas in ihrem bisherigen Leben noch in der Erziehung, die sie genossen hatte, noch sonst ein besonderer Punkt
rechtfertigten diese Angst, die jedes Mal auftrat, wenn sie alleine
an einem einsamen Ort zu Fuß ging, auch wenn es sich an sich
um keinen "gefährlichen" Ort handelte.

Das Seltsame, aber im Lichte dessen, was wir wissen, durchaus
Verständliche war, dass sie jedes Mal, wenn sie alleine ausging,

von einem Unbekannten angesprochen wurde. Und sofort wurde bei ihr wieder die Energie der Angst aktiviert.

In ihrer kausalen Aura, die mit früheren Leben zusammenhängt, gab es eine Gedankenform, gleichzeitig aber gab es interessanterweise keine Verbindung zwischen dieser Gedankenform und irgendeinem Körperteil von ihr. Die Gedankenform schwebte in einem Universum herum, das zwar mit Sicherheit zu der jungen Frau gehörte, aber gleichzeitig bestand keine Verbindung zu ihr.

An diesem Punkt möchte ich noch einmal alle zur Vorsicht aufrufen, die sich in den Bereich der energetischen Therapien "stürzen" wollen, denn das ist genau der vom Verstand mit Vorliebe gewählte Moment, Falschheiten auszutüfteln, die die an sich schon komplexe Situation noch weiter verkomplizieren können.

Häufig fühlen wir uns als Therapeuten verloren, wenn wir einer Person, die uns um Hilfe bittet, keine Antworten geben können. Aber trotzdem ist es meiner Meinung nach von entscheidender Bedeutung, das, was wir sehen, nie zu interpretieren, auch das nicht, was wir nicht kennen. Sonst riskieren wir schmerzhafte Umwege für alle, die einzig und allein auf die momentane Befriedigung unseres Ego zurückgehen. Alles wissen, alles erklären können gibt uns den Eindruck von "Macht", den wir alle irgendwann einmal kennen gelernt haben. Wenn wir keine Antwort wissen, bekommen wir Angst ... Angst zu versagen, unserer Aufgabe nicht gewachsen oder unfähig zu sein. Der Weg der Aufrichtigkeit und der Glaubwürdigkeit ist jedoch der einzige, der diese Verhärtung der Seele verhindern kann und es uns möglich macht, zu einem wahren "Lichtkanal" zu werden.

"Nicht wir sind es, die heilen, sondern es ist das Licht, das durch uns heilt." Das ist ein Satz, der leicht gesagt ist (und meist kommt er von energetischen Therapeuten).

Doch zwischen diesen Worten und der tatsächlichen Umsetzung liegen Welten. Und so war es auch beim Auralesen dieser jungen Frau. Plötzlich wurde ich von einem unserer Schüler überrascht, der eigentlich eine gute Fähigkeit hatte, die feinstofflichen Körper zu sehen, und nun auf einmal folgenden Kommentar von sich gab:

"Du musst Inzestprobleme mit deinem Vater gehabt haben, weil sich die Gedankenform auf der rechten Seite befindet und in

Verbindung mit einer männlichen Energie steht. Da sie sich am Rande der kausalen Aura befindet, handelt es sich um die Reaktivierung einer Geschichte aus der frühesten Kindheit, die in Verbindung mit einem vergangenen Leben steht. Es geht dabei um ein schmerzhaftes Ereignis, das aus deinem Gedächtnis gelöscht wurde und an das du dich nicht mehr erinnerst ..."

Das ist also genau das, was man *nicht* sagen sollte!

Die junge Frau schreckte bei diesen Worten sichtlich zusammen. Und wie konnte man es ihr auch verdenken? Sie erklärte uns daraufhin, dass ihr Vater gestorben sei, dass sie ihm also keine Fragen über dieses Thema mehr stellen könnte, aber dass sie blindes Vertrauen in ihn habe.

In der Aura dieser Patientin, die sich freiwillig zum Auralesen zur Verfügung gestellt hatte, veränderten sich die Farben und mischten sich. Auch wenn es ihre Haltung nach außen nicht verriet, nahm ich ihre große Verwirrung über das eben Gesagte wahr. Sie vertraute diesem Schüler, der mit ihr gesprochen hatte. Sie kannte ihn und begann sich zu fragen, ob das, was er bei ihr gesehen hatte, wohl wahr sei. In ihr war ein wildes Durcheinander von Schmerz und Fragen jeder Art: "Was hat er wohl gesehen? Was soll ich nur von all dem halten? Und wenn es nun wahr wäre? Dann war mein Vater also gar nicht so gut, wie ich immer gedacht habe?"

Um sie herum schien die ganze Welt zusammenzubrechen, und nach und nach fing das Bild ihres Vaters an zu verschwimmen. Es geschah also etwas, was das genaue Gegenteil des erklärten Ziels aller Therapeuten ist. Das Ziel ist und bleibt es, eine Person dazu zu bringen zu enthüllen, was sie in sich trägt. Und nicht das Aufzwingen unserer Werte und Überzeugungen, die immer von unseren persönlichen Schwierigkeiten gefärbt sind.

Letztendlich ist es auch unwichtig, ob es in der physischen Realität tatsächlich zu inzestuösen Übergriffen gekommen ist, denn was die schmerzliche Wirkung erzeugt, ist nicht die Tatsache an sich, sondern die Überzeugungen und die Idee, die wir uns von dieser Tatsache gemacht haben. Ich könnte mir vorstellen, dass Sie beim Lesen dieser Zeilen denken, dass ich jetzt zu weit gehe, dass ich übertreibe ... Und doch ...

Wie oft habe ich festgestellt, dass es nicht das Ereignis an sich ist, das in uns eine Verletzung auslöst, sondern die Auslegung, die wir damit verbinden. Ein Kind, das ein paar Wochen lang bei der Oma gelassen wird, weil die Mutter einfach müde oder krank ist oder ein anderes Kind bekommt, kann sich selbst eine Wunde der Verlassenheit zufügen, die die Eltern nie gewollt haben. Und das ist es! Diese Verletzung muss der Therapeut herausfinden, und dann ist es am Patienten, gesund zu werden, weil es, wie wir bereits weiter oben gesagt haben, keine Heilung außer der Selbstheilung gibt.

Damals beschloss ich, selbst die Fäden dieser seltsamen Auralesung aufzunehmen, und dabei entdeckte ich in der Gedankenform der jungen Frau das Gesicht einer älteren Frau. Ich beschrieb sie ihr. Die junge Frau dachte gleich an ihre Oma. Allmählich zeichneten sich die Dinge klarer vor meinen Augen ab. Die Geschichte unserer Patientin stand in Zusammenhang mit einem Trauma, das von der Großmutter erlitten worden war, die weiterhin über die junge Frau handelte. Die Patientin erzählte: Sie war zum Teil von eben dieser Großmutter aufgezogen worden, die sie über alles geliebt hatte und mit der sie sich aufs Engste verbunden fühlte. Sie beschrieb uns das Band, das sie verband folgendermaßen: "Ich konnte im Voraus alles, was sie dachte, erraten: ihre Gefühle und Emotionen, ihre Freuden, ihre Schmerzen, und ich glaube, bei ihr war es dasselbe."

Was war also geschehen?

Über einen unbewussten Mechanismus wollte das Mädchen ihre Großmutter von einer Last befreien, unter der sie sie leiden sah, ohne sie jedoch davon befreien zu können. Das war nicht ihre Geschichte, aber sie dachte, so könnte sie zumindest den Schatten etwas vertreiben, der bisweilen den Blick der Person trübte, die sie so sehr liebte. Sie war zu allem bereit und hatte deshalb akzeptiert, ein "Problem" auf sich zu nehmen, das sie eigentlich nichts anging, genauso wie wir aus reiner Hilfsbereitschaft manchmal einer Person helfen, ihr Gepäck zu tragen, die nicht in der Lage ist, es hochzuheben. In einem Anfall von Liebe hatte sich die Kleine bereiterklärt, einen Teil der Bürde ihrer Großmutter auf sich zu nehmen, genau wie es die großen Weisen tun.

Die Großmutter war nun schon seit mehreren Jahren tot und hatte ihr Trauma mit ins Grab genommen, das zu Lebzeiten allerdings durch die Liebe eines Mädchen gelindert worden war, das nichts anderes gewollt hatte, als ihr zu helfen. Das inzwischen zur Frau gewordene Mädchen brauchte nun diese Bürde nicht mehr mit sich herumzuschleppen, die nicht einmal seine eigene war. Und dieses Mal gelang es ihr bei vollem Bewusstsein, diese parasitäre Gedankenform schnell zu überwinden. Dazu brauchte sie nur etwas Transparenz und die Erinnerung, dass diese Gedankenform sie die Liebe und Hingabe gelehrt hatte. Die Gedankenform sagte uns nichts anderes ... Welche Bindung vereinte die beiden Frauen? Und warum eine so große Hingabe? Nur ihre Herzen hätten darauf eine Antwort zu geben gewusst.

Ist es denn immer notwendig, dass wir die Fakten kennen, auf die eine bestimmte Einstellung zurückgeht? Ich glaube nicht.

Die Lösung eines Problems ergibt sich letztendlich immer über die Liebe, das Nicht-Bewerten von uns selbst und anderen. Wir werden später noch einmal auf diesen Punkt zurückkommen. Das *Wissen* ermöglicht es uns, über den Verstand zu verstehen, was in uns vor sich geht, aber die *Erkenntnis* ist etwas völlig anderes: Sie ist eine Art göttliche Intuition, die weiß, die dementsprechend handelt und über das eingefleischte Bewusstsein und die Zeit hinausreicht. Es reicht schon aus, dass ein Teil von uns mit diesem intuitiven Bewusstsein in Verbindung steht, damit die magische Alchemie der Transmutation stattfinden kann, die es uns erlaubt, in unserer Entwicklung voranzuschreiten.

KAPITEL XVIII

Gedankenformen und Tiere

"Atme, du bist doch lebendig!"
(Thich Nath Hanh)

Es gibt ein Reich, das dem der Menschen sehr nahesteht und in dem ebenfalls Gedankenformen produziert werden. Eine der größten Fähigkeiten in diesem Reich ist allerdings die Fähigkeit, Liebe zu schenken. Die Rede ist hier natürlich vom Reich der Tiere, die uns, ebenso wie das Mädchen aus dem letzten Kapitel seiner Großmutter, ihre Vitalität schenken, da sie die destruktiven Gedankenformen wahrnehmen, die wir völlig unbewusst erzeugen.

Hören wir uns einmal an, was der junge Labrador Tommy über das Leben zu berichten hat, das er gerade erlebt: "Heute weiß ich, dass meine Katzenschwester von uns gegangen ist, damit sich ein Leiden nicht auf eines der Kinder der Familie entlädt …Wenn ein Trauma oder Schmerz kurz davor ist, sich zu manifestieren, wissen wir es immer schon ein bisschen im Voraus. Wir sehen, wie sich ein dunkles Licht an einem bestimmten Ort bildet. Häufig wissen wir nicht, woher es kommt, aber die Ältesten unter uns lehren uns, dass es aus dem Wesen herauskommt, welches das Trauma zu erleiden haben wird. Es wird also einen bestimmten Punkt bei diesem Wesen vergiften. Es ist wie eine Wut dieses Wesens gegenüber sich selbst. Bisweilen kommt es vor, dass uns der Geist des Lebens bittet, das 'dunkle Licht' auf uns zu nehmen, das für den Menschen bestimmt ist, den wir lieben. Dann erklären wir uns also bereit, diesen Einfluss auf uns wirken zu lassen, und die Lebenskraft verlässt danach unsere Hülle. Es ist nicht die Pflicht, sondern die Liebe, die uns dazu drängt."*

Und Tommy fährt weiter fort:

"Bisweilen bittet uns der Lebensgeist, der uns alle belebt, euch ein bisschen von eurer Traurigkeit und von dieser seltsamen Last, die ihr mit euch herumschleppt, abzunehmen. Das müssen wir nicht wirklich entscheiden. Es ist wie eine Tür, die sich in uns öffnet, wie ein Reflex des Teilenwollens. Und dann nehmen wir euch ein bisschen von dem ab, was eure Seele bedrückt. Und ihr wundert euch dann, dass wir plötzlich Fieber bekommen, unter fürchterlichem Juckreiz leiden oder Haarausfall bekommen. In jenen Momenten wird unser Rücken von einer Art grauem, klebrigem Schlamm bedeckt. Wir können nichts dagegen tun. In unserem Herzen gibt es etwas, das darin seine eigene Logik sieht.

Auch die Vogelseelen, die in eurer Nähe, in euren Häusern leben, nehmen dieses Leiden auf sich, aber ihnen gelingt es fast nie, in ihrem Körper zu bleiben. Nur unsere Brüder und Schwestern vom Katzenvolk können sich von den Übeln heilen, die sie von euch aufnehmen. In ihrem Speichel ist ein Licht, das diese klebrige Masse, die an ihrem Fell festklebt, auflöst ... Sie sind also in der Lage, die Schlacken aufzulösen, die von der Angst eurer Welt stammen."**

Das ist also Tommys Beschreibung der ätherischen Überreste, die den Menschen oder den Tieren anhaften und den Äther verschmutzen.

Der Äther, dieses Medium, das uns umgibt, dient als Brücke zwischen den feinstofflichen Welten und unserer materiellen Welt. Er ist ein Sender, der für unser Gleichgewicht unerlässlich ist, und wirkt auf verschiedenen Ebenen: der Lebensäther, von dem wir hier sprechen, ist auf der individuellen Ebene Teil der ersten Auraschicht, die laut den Überlieferungen von den Essenern als Barometer unserer körperlichen Vitalität angesehen werden kann.

Wenn wir auch nur einen winzigen Bruchteil von den Welten erkennen oder sehen könnten, die wir mit Hilfe der über die Gedanken, Worte und Werke ausgesandten Energie erschaffen, wären wir bestürzt und erschreckt von der Vielfalt der ungeheuren Miasmen, die uns umgeben und unsere eigenen Kreationen sind.

---

*   Siehe auch Anne und Daniel Meurois-Givaudan, *Il Popolo degli Anima-li*, Amrita, Turin 1995.
** Ebenda.

Wenn ein Betrunkener in schrecklichen, furchterregenden Welten versinkt, macht er nichts anderes, als den Äther wahrzunehmen, in dem wir uns den ganzen Tag bewegen. Auch der Drogensüchtige, der einen "Horrotrip" hat, weil sein feinstofflicher Körper völlig außer Kontrolle ist, nimmt Welten war, die ständig von uns neu erschaffen werden, Welten, die erschreckende Egregore bilden.

Das Volk der Tiere ist mit allen psychischen Energien in Kontakt, die wir aussenden. Und in dieser kleinen Welt gibt es eine Rasse, die in enger Verbindung mit unseren Gedankenformen steht: die Ratten. Folgendes wurde uns in diesem Zusammenhang gelehrt:

"Eure Brüder, die Ratten, sind die Widerspiegelung eures geistigen Aufruhrs. Sie nehmen jede Unordnung, alle Impulse und Triebe wahr, die euch täglich umtreiben. Zum Glück nehmen sie auch alles Gute in euch wahr. Sie bauen also ihre Kultur auf den von euch erzeugten feinstofflichen Wellen auf. Und so bilden sie auf ihre Weise ein Gegengewicht zu eurer Welt. Wie ihr seht, besteht ihre Aufgabe also darin, die psychischen Wellen der Menschen zu assimilieren, d. h. sie in gewissem Sinne zu verdauen, um ihre Giftigkeit zu neutralisieren …

Das Bewusstsein der Ratten wirkt also gegenüber der Welt der menschlichen Triebe und der Welt des normalen Verstandes ausgleichend. Dort, wo sich unsere Brüder, die Ratten, spontan versammeln, herrscht in der Regel eine große innere Unordnung oder Verwirrung bei uns Menschen. Und wenn es dazu kommt, dass die Ratten Krankheiten erzeugen, dann seid euch darüber im Klaren, dass es eure Krankheiten sind. Die Epidemien, die bisweilen von den Ratten ausgelöst werden, sind nichts anderes als die Materialisierung eurer psychischen Schlacken, eurer Unzulänglichkeiten, zusammengefasst auf planetarischer Ebene."

Heute schafft es das Volk der Ratten nicht mehr, seine Rolle als Müllentsorger der verschmutzenden psychischen Wellen zu erfüllen, da diese ständig zunehmen und den kontrollierbaren Pegel längst überschritten haben.

Müssen wir also mit unserem wunderbaren Bewusstsein, das selig vor sich hinschläft, passiv abwarten, bis die Welt an "Atemnot" stirbt?

KAPITEL XIX

Widersprüchliche Gedankenformen

"Wachsen bedeutet nichts anderes, als uns in unseren Masken zusammenzuziehen, ganz klein zu werden, bis wir die ursprüngliche Vergangenheit erreichen und zum Uratom zurückfinden."

(Anne und Daniel Meurois-Givaudan, Die Reise nach Shambhala)

Jean

Jean war ganz eingenommen von seinem Projekt und hatte beschlossen, es, komme was da wolle, zu Ende zu führen. Dieser willensstarke Mann wollte glauben, dass sich ihm nichts in den Weg stellen würde. Nach seiner kürzlichen Scheidung hatte er beschlossen, sein Leben umzukrempeln und aufs Land zu ziehen, an einen idealen Ort, in ein Haus, das er bei seiner letzten Reise besucht hatte und jetzt kaufen wollte. Für dieses Projekt würde er etwas Zeit brauchen. Zuerst musste er das Haus, in dem er jetzt wohnte, verkaufen, dann musste er seine Finanzen ordnen und dann alle Details der neuen Behausung bedenken. Er, der bisher ein Techniker auf einem Spezialgebiet gewesen war, war bereit, die Arbeit zu wechseln. Er wollte einen gemütlichen Ort schaffen, eine Art Bed & Breakfast mit französischem Flair, mit einer einfachen Internetadresse als einziger Werbung.

Es sah so aus, als würde alles von alleine seinen Gang gehen: Sein bisheriges Haus wurde zum Verkauf ausgeschrieben, der Notar bereitete die Dokumente für den Erwerb des neuen Hauses vor, und Jean schmiedete aktiv Pläne für seine zukünftige Tätigkeit.

"In ein paar Monaten werde ich umziehen", dachte er und glaubte es tatsächlich …

Die Gedankenformen des Projekts siedelten sich um Jean herum an und wurden immer stärker, je öfter Jean einen Gedanken in diese Richtung aussendete oder etwas in diese Richtung unternahm. Die in Bewegung gesetzte Energie hatte eine Eigendynamik entwickelt und wurde von dem genährt, was er selbst erzeugte. Die Wochen und Monate vergingen, doch es schien irgendetwas zu geben, das alles, was mit dem Projekt zusammenhing, zu bremsen schien. Doch Jean fand einfach nicht heraus, was es sein könnte.

Er dachte nach: Vielleicht hatte er das Projekt nicht richtig durchdacht? Oder vielleicht sollte er noch ein bisschen dort bleiben, wo er war? Mit einer Handbewegung versuchte er all diese Gedanken, die ihm im Kopf herumschwirrten, wegzuwischen und erzeugte dadurch einen Riss in der wunderbaren Energie des positiven Vertrauens. Doch dieses Mal ergab sich nicht alles so, wie Jean, dieser aktive Mann, der immer in Eile war, es visualisiert hatte. Der Notar hatte letztlich gar nichts unternommen, und für sein altes Haus fand er keinen Käufer. Was bedeutete das? Jean meditierte darüber, was dieses unsichtbare Hindernis wohl erzeugte, doch er kam nicht darauf. Er verstand es einfach nicht, und in der Zwischenzeit begannen alle um ihn herum, sich aufzuregen und einzumischen.

Was Jean nicht sah, waren all die anderen Gedankenformen, die er, willentlich oder nicht, zur Seite geschoben hatte, darunter insbesondere eine, die größte, am besten strukturierte und hartnäckigste: die Gedankenform des Schuldgefühls. Jean hatte eine alte Mutter, die nur wenige Kilometer von seinem jetzigen Wohnort entfernt wohnte. Und auch wenn er nicht daran denken wollte und sich immer wieder versicherte, dass er schon eine Lösung finden würde, war die Gedankenform dieses Schuldgefühls aktiviert worden. Sie war mit all ihrer Kraft und Energie gegenwärtig und behinderte die kleinen, erst neugeborenen Gedankenformen, die mit dem zukünftigen Projekt zusammenhingen. In gewissem Sinne versperrte sie ihnen die Straße, zog sie herunter und sorgte dafür, dass sie an Vitalität verloren. Die Gedankenformen des

Erfolgs und des Glücks wurden ständig von dieser großen und besorgniserregenden Gedankenform im Zaum gehalten, die Jean immer bei seiner Suche nach dem Glück gebremst hatte.

Jean gestand es sich nicht zu, wirklich ein hundertprozentiger Gewinner zu sein, denn im Grunde war er furchtbar wütend auf sich selbst. Und auch wenn er wie ein Erfolgstyp aussah, bestrafte er sich ständig für "Verbrechen", die er gar nicht begangen hatte. Was war also passiert?

Schon als Kind wurde sich Jean bewusst, dass sein Leben immer von Verantwortung geprägt sein würde. Denn sein Vater wurde schwer krank und war zwei Jahre lang ans Bett gefesselt, als der Junge gerade mal fünf Jahre alt war.

"Wenn du irgendetwas anstellst oder zu laut schreist, wird dein Vater sterben ...", wiederholt eine alte Frau, die seiner Mutter bei der Pflege des Vaters half, immer wieder. Jean versuchte mit allen Mitteln, ein braver Junge zu sein, doch das Schreckgespenst des Todes seines Vaters in Zusammenhang mit seinem "Bravsein" schwebte über ihm und quälte ihn in Alpträumen in seinen kindlichen Nächten.

Dem Vater ging es immer schlechter, und die Mutter hatte nur wenig Zeit, sich um ihren Sohn zu kümmern. Weinte die Mutter vielleicht so oft und redete nicht mit ihm, weil er "nicht brav genug" gewesen war? In seinem kleinen Kopf wurde er immer überzeugter davon. Allmählich setzten sich die Gedankenformen der Schuldgefühle und der Selbsterniedrigung immer deutlicher, wirksamer und hartnäckiger fest.

Eines Tages kam Jean völlig verschmutzt und in einem erbärmlichen Zustand nach Hause. Er hatte sich mit anderen Kindern geschlagen, und dabei waren alle im Dreck herumgerollt. Der Tag hatte schlecht angefangen, und als Jean nach Hause kam, hatte er nur eines im Sinn: seine dreckverschmierten Klamotten zu verstecken. Doch dabei merkte er plötzlich, dass es im Haus ganz unnatürlich still war, beunruhigend still. Er suchte seine Mutter oder die alte Frau, die zwar etwas wunderlich war, aber seiner Mutter treu half und die ihm normalerweise seine Nachmittagsvesper zubereitete. Es schien jedoch, als wäre niemand in dem großen Haus. Da beschloss er, in dem Zimmer nachzusehen, in dem sein Vater lag, diesem Zimmer, zu dem ihm der Zutritt so häufig verboten war, so dass er es kaum kannte. Er öffnete die

Tür, und da sah er mehrere Personen um das Bett seines Vaters im Gebet versammelt. Ein Cousine, die er fast noch nie gesehen hatte, bemerkte ihn und flüsterte im leise zu: "Dein Vater ist an einen anderen Ort gegangen, zu den Engeln im Himmel."

Der kleine Jean hätte sich am liebsten in den Schoß seiner Mama gekuschelt, doch stattdessen ging er weg, weil er dachte, er hätte etwas Dummes angestellt und vielleicht wäre das der Grund, weswegen der Vater gegangen war. In einer Ecke der Küche überdachte er noch einmal alles, was er da gesehen hatte. Papa war gegangen, aber er war trotzdem noch da. Und wenn er etwas anstellte, würde Papa sterben. Sterben, das war ein Wort, von dem er eigentlich gar nicht genau wusste, was es bedeutete. Er hatte nie zu fragen gewagt, aber so weit er verstanden hatte, musste es etwas ganz Schlimmes sein, das davon abhing, wie gut sich die Menschen benahmen.

"Was für ein schwarzer Tag", sagte er leise zu sich selbst.

Von jenem Tag an war die Mutter nicht mehr dieselbe. Sie war oft traurig und manchmal sehr nervös. Sie arbeitete viel außer Haus. Der Junge machte sich Sorgen. Und wenn es nun doch seine Schuld gewesen war, dass der Vater so schnell zu den Engeln gegangen war, anstatt noch ein bisschen länger bei ihnen zu bleiben?

Das war eine Frage, die er sich nie wirklich zu stellen traute. Denn wenn sie ihm gesagt hätten "Ja, es ist wegen dir", hätte er es nicht aushalten können.

Deshalb zog es Jean vor, langsam zu vergessen, dass er sich so schuldig fühlte. Er wollte diesen so schmerzlichen Zwischenfall aus seinem Gedächtnis streichen, aber er wusste noch nicht, dass sich nichts jemals wirklich auslöschen lässt. Die Gedankenformen wuchsen immer weiter, wurden genährt und nährten ihrerseits die Idee, dass Jean "keinen Erfolg verdiente", weil er zu böse war, um sich irgendeine Belohnung zu verdienen. So vergingen die Jahre, und er wuchs zum Teenager und dann zum jungen Mann heran. Er tat sein Möglichstes, um auf der gesellschaftlichen Leiter so weit wie möglich nach oben zu klettern. Irgendwo im Inneren, im Grunde seines Herzens, beschloss er, bei jedem Projekt, das er anpackte, Erfolg zu haben, um jenen dumpfen Schmerz abzuschwächen, der an ihm nagte. So schaffte er zusätzliche Gedankenformen um sich herum, Bilder des Erfolgs und des Ruhms, einfache Trostpflästerchen für seine Verletzung. Aus ihm wurde ein entschlossener, aktiver, unternehmungslustiger Mann. Er hatte auf allen Ebenen Erfolg, aber immer nur bis zu einem gewissen Grad und nie hundertprozentig, wie er es sich gewünscht hätte. In der Zwischenzeit hätte ein aufmerksamer Beobachter der feinstofflichen Ebenen ein seltsames Ballett von widersprüchlichen Gedankenformen bewundern können. Die einen klar und entschlossen und auf Erfolg ausgerichtet und die anderen schwer, bleiern, dunkler, bestehend aus Selbstabwertung und akkumulierten Schuldgefühlen in jeder Hinsicht.

"Ich kann und ich will Erfolg haben", sagten die einen, während die anderen verkündeten: "Ich verdiene den Erfolg nicht, ich verdiene es nicht, geliebt zu werden und glücklich zu sein, ich bin zu böse dafür."

Jean hatte verstanden, was vor sich ging. Er spürte und nahm wahr, wie sehr er sich selbst in jedem Moment seines Lebens boykottiert hatte.

Jedes Mal war dasselbe abgelaufen, unabhängig von dem Szenario und den Akteuren. Er hatte nichts anderes gemacht, als stets eine Komödie desselben Stils zu spielen, bei der der Bösewicht sich ständig selbst bestrafte und immer den letzten Moment abwartete, um das zu zerstören, was ihn glücklich machen könnte. All seine Existenzebenen waren von diesem Monster befallen gewesen, das ständig an ihm nagte. In der Liebe war es so, dass er, sobald ihn jemand wirklich liebte, anfing, sich so schlecht zu benehmen, dass seine Freundin es leid wurde und es einfach nicht mehr aushielt, ihn vergeblich zu lieben. Jean war es zwar nie in den Sinn gekommen, Selbstmord zu begehen, aber auf seine Weise zerstörte er sich selbst.

Es gibt so viele subtile Methoden der Selbstzerstörung aus Liebesmangel, ohne dass jemand auch nur irgendetwas bemerken würde. In den Augen derer, die nur den Schein sahen, wirkte Jean wie ein energischer, selbstsicherer, jovialer Mann, der anderen so viel Mut machte – und vor allem wie einer, der wenig Zeit hatte, etwas für sich selbst zu tun. Nur wenige sahen hinter der Maske, welch tiefe Abscheu er sich selbst gegenüber empfand und von welcher Traurigkeit er erfüllt wurde.

Die Gedankenformen, die ihn bedrückten, waren das Haupthindernis für die Umsetzung seines momentanen Ziels. Doch dieses Mal hatte Jean wirklich Lust, glücklich zu sein und etwas zu machen, was nicht mehr von dem alten Schuldgefühl beherrscht wurde.

Zum ersten Mal war er bereit, die Masken fallen zu lassen und die schmerzlichsten Phasen seines Lebens mit anderen Augen zu sehen: wie sein Vater gestorben war und welche Rolle er damals geglaubt hatte, dabei zu spielen.

Während meine Hände einfach bewirkten, dass das Licht ihn wieder mit dem in Kontakt brachte, was das Schönste in ihm war, erhaschten die Augen seiner Seele häufig den traurigen Blick des kleinen Jungen von damals. Manchmal spürte Jean, wie in ihm eine wahnsinnige Wut aufstieg, eine ungeheure Gewalt, die ihm Angst machte. Aber mutig ging er seinen Weg weiter und akzeptierte, dass die akkumulierten Schlacken von so vielen Jahren aus seiner Seele und aus seinen Erinnerungen hinausgewaschen wurden.

Allmählich kamen immer mehr Informationen zum Vorschein, und er ließ sie hochkommen. Seine Nächte waren häufig äußerst unruhig, eine Szene jagte die andere, doch dieses Mal war Jean der Zuschauer bei diesen Momenten seines Lebens. Er beobachtete ohne Feindseligkeit, ohne Wertung, was das Leben ihm in den Weg gelegt hatte, denn irgendwann einmal war er es gewesen, der das gewollt hatte.

Ganz langsam wurde seine Seele von einem seltsamen Gefühl erfüllt, das er nur noch von ungefähr kannte und von dem er nicht einmal mehr gewusst hatte, was für einen Geruch oder was für ein Aussehen es hat. So wurde das Kind, das in seinen Träumen lebte, eines Nachts von einer unglaublichen Zärtlichkeit, einem Mitgefühl eingehüllt. Es war das erste Mal, dass der in einer Ecke der Küche seiner Eltern zusammengekauerte Kleine die Augen hob und Jean anschaute, diesen großen, dicken Jean, der wusste, was los war und schon so lange Zeit nicht mehr weinte. In jenem Moment sagte der kleine Jean zu ihm: "Bin ich wirklich so böse, dass du mich nie anschaust? Hast du mich deshalb verlassen?" Das war eine Frage, die weder Vorwürfe noch Wut beinhaltete, sondern die einfache Beobachtung eines Jungen, der schon so lange darauf wartete, dass jemand sich ihm zuwendete.

Der erwachsene Jean nahm ihn also bei der Hand, umarmte ihn herzlich und wachte tränenüberströmt auf. Es waren warme

Tränen der Zärtlichkeit, Freudentränen über das Sich-Wieder-finden nach so langer Zeit. Sie strömten jetzt einfach aus ihm heraus, als wäre seine ständig unter Kontrolle gehaltene Seele nun endlich am Überlaufen vor Gefühlen. Jean verbrachte einen, dann zwei und drei Tage damit, die ganze in ihm angesammelte Traurigkeit und Verzweiflung herauszulassen. Manchmal weinte er wie ein siebenjähriges Kind – und manchmal wie ein Mann.

Und dann, von einem Moment auf den anderen, beruhigte sich alles. Es kam ihm vor, als würde er von einem Meer des Friedens durchströmt. Nur hie und da tauchte noch eine Wolke auf.

Nach einer weiteren Behandlung mit Klängen und Licht hatte sich Jean von allen seinen Gedankenformen befreit, die nur noch einmal aus einer anderen Perspektive betrachtet und korrigiert werden wollten, um eine andere Färbung annehmen zu können.

Ich habe hier den Prozess, den Jean durchlaufen hat, um sich von seinem kindlichen Schuldgefühl zu befreien, bewusst abge-kürzt. Nichts läuft automatisch oder systematisch. Jede Geschichte ist einzigartig, und ihre Dauer hängt von dem Hauptdarsteller ab.

Bisweilen habe ich auch Kranke getroffen, die sich nicht von ihren destruktiven Gedankenformen befreien wollten, weil sie sich daran gewöhnt hatten, mit ihnen zusammen und über sie zu leben. Ich nehme an, das fällt Ihnen schwer zu glauben, und auch ich habe lange daran gezweifelt, aber durch meinen praktischen Umgang mit Menschen konnte ich mich schließlich der Erkennt-nis dieses unerbittlichen Seelenzustands nicht länger verschließen. Die Tatsache, diese Gedankenformen auf eine lichtvollere Ebene weiterwandern zu lassen, mit der Absicht, sich von einer körperli-chen oder seelischen Krankheit zu befreien, bedeutete für diese Personen, etwas Bekanntes für eine unvermeidliche Leere aufzu-geben. Was wir kennen, scheint uns manchmal so viel Sicherheit zu geben, und auch wenn es noch so belastend ist, wollen wir es lieber beibehalten. Um Ihnen diesen Gesichtspunkt etwas näher zu erläutern, möchte ich Ihnen die Geschichte eines Mädchens erzäh-len, das von Geburt an blind war. Jedes Mal, wenn ich sie traf, beklagte sie sich über ihre Behinderung, die sie ihrer Ansicht nach daran hinderte, ein normales Leben zu führen. Nach einem Jahr wurde ich dann von ihr mit der Neuigkeit überrascht, dass ihr eine Operation angeboten worden war, dank der sie wahrscheinlich ihr Augenlicht wiedergewinnen würde. Vielleicht denken Sie nun,

dass die junge Frau vor Freude außer sich war ... Doch zu meiner
großen Verwunderung flüsterte sie mir, aus Angst ihre Eltern, die
in der Nähe standen, könnten es vielleicht hören, Folgendes ins
Ohr:

"Ich weiß nicht, ob ich letzten Endes wirklich Lust habe, sehen
zu können. Ich bin an eine Lebensweise gewöhnt, mit der ich
mich inzwischen identifiziere und die sich eben durch meine
Blindheit auszeichnet ... Ich habe Angst vor dem 'Neuen', dass
sich da auftut."

Die Geschichte hatte schließlich doch noch ihr "Happy End"
wie in den amerikanischen Filmen. Das Mädchen hat beschlossen, sich operieren zu lassen, und nach einer gewissen Ange-
wöhnungs- und Einlernphase ist sie heute wirklich glücklich!

Aber sind wir nicht häufig genau wie sie und ziehen es vor,
ein wohlbekanntes Übel beizubehalten, anstatt es loszulassen und
uns für ein Wohlbefinden zu öffnen, das unser normales Leben
völlig umkrempeln könnte?

Sind wir vielleicht zu zu vielen Kompromissen bereit, insbesondere in Bezug auf unsere Einstellung und Sichtweise, nur
um weiterhin nach bekannten Schemen zu funktionieren, auch
wenn sie uns nicht mehr zufrieden stellen?

Im Falle von Jean hat es nur wenige Monate gedauert, bis die
Transmutation schließlich stattfinden konnte. Nachdem er dann
endlich frei war, ist es ihm gelungen, sein Ziel zu erreichen und
dorthin umzuziehen, wo er hinwollte. Und die alte Mutter ist ihm
gefolgt. Und alles läuft jetzt so, wie er es geplant hatte.

An diesem Punkt des Buches wird es nun wesentlich, dass wir
gut begreifen, wie eine Gedankenform wirkt (in diesem Fall die
Gedankenform des Schuldgefühls). Die alte Mutter von Jean
kann Verhaltensweisen haben oder Dinge sagen, die an sich frei
von besonderen unterschwelligen Konnotationen sind, die Jean
jedoch aufgrund seiner eigenen Logik sofort als Schuldzuweisung
auslegt. Seit sich Jean von den Gedankenformen der Schuldgefühle befreit hat, ist seine Mutter genauso wie vorher, braucht
jedoch nicht mehr an sein Schuldgefühl zu appellieren, das sie
unbewusst bei ihm wahrgenommen hat. Auch sie wird daher
anders auftreten, und die Beziehung zwischen diesen beiden
Personen, die anscheinend dieselben sind wie zuvor, wird sich
auf eine andere Art und Weise abspielen.

Wenn wir uns schuldig fühlen, kann der andere in jenem Moment unbewusst die Rolle des Opfers übernehmen, die in Wirklichkeit wir ihm verpassen, was wiederum unsere Rolle des Bösewichts verstärkt. Das ist eine fürchterliche Verkettung, die dazu führt, dass die Szene, die wir spielen, sofort jedem anderen, der um uns herum ist, genau das Stichwort gibt, um seine Rolle weiterspielen zu können. Auf einer feinstofflichen Ebene sieht man also "elektromagnetische Wellen", die sich zu verschiedenen Momenten der Begegnung vermischen, anziehen und abstoßen. Die Gedankenformen werden aktiviert und senden Informationen aus, die weit über die ausgesprochenen Worte hinausgehen. Diese Informationen elektromagnetischer Natur sind es letztendlich, die allem, was danach passiert, eine bestimmte Wendung geben.

Uns nicht mit den von uns selbst erschaffenen Gedankenformen zu identifizieren, ist eines der wesentlichen Elemente, die zur Heilung führen. Wir werden das in einem späteren Kapitel, das sich eingehend damit beschäftigt, noch im Einzelnen sehen.

Jetzt verstehen wir also besser, warum manche unserer Hoffnungen und manche Projekte schon von vornherein zum Scheitern verurteilt erscheinen (noch bevor sie wirklich geboren wurden) und sich in der Welt der dichten Materie nie konkretisieren.

Es ist also von entscheidender Bedeutung, dass die ausgesandten Gedankenformen nicht von anderen, widersprüchlichen Gedankenformen behindert werden und dass wir sie ganz deutlich in allen Einzelheiten visualisieren können.

Des Weiteren ist es wichtig, dass wir uns nicht mit dem aufhalten, "wie" die Sache sich verwirklichen könnte. Denn das "Wie" ist eine Angelegenheit des Verstandes, der in Begriffen wie "möglich/unmöglich" denkt und damit den Aktionsradius der ausgesandten Gedankenform beträchtlich einschränkt.

Wenn wir eine Gedankenform aussenden, ist das unentbehrliche Element das Vertrauen, dass sich schon alles positiv entwickeln wird.

Kein Projekt kann sich verwirklichen, wenn es sich nicht auf unserem Lebensweg befindet und wenn die daran beteiligten Personen nicht dasselbe Ziel im Auge haben.

Gleichermaßen werden bei jedem Projekt oder Wunsch, der sich nicht in Harmonie mit unserem innersten Wesen befindet, Hindernisse auftauchen, die auf die elektromagnetischen

Unstimmigkeiten zurückgehen, die von unseren feinstofflichen Körpern ausgestrahlt werden, die sich gegenseitig widersprechen. So entstehen die Krankheiten und die Schwierigkeiten, denen wir begegnen.

KAPITEL XX

Gedankenformen der Rache

*"Das Wasser bleibt nicht auf den Bergen,
genauso wenig wie Rache in einem großen
Herzen."*

(Chinesisches Sprichwort)

Da wir uns in diesem Buch vorwiegend mit Gedankenformen beschäftigen, die uns quälen und zerstören, wollen wir einen Moment lang auch auf jene eingehen, die *bewusst* zerstören wollen: Jene, die wir aussenden, und jene, die wir empfangen und die von Personen stammen, die uns "nichts Gutes" wollen.

Es ist einfach, in diesem Zusammenhang von der "Rückwirkung des Karmas" oder der "rücklaufenden Welle" zu sprechen. In einem Sprichwort heißt es auch: "Wer Wind sät, wird Sturm ernten."

Aber was bedeutet das, wenn man es technischer ausdrücken wollte? Was passiert da? Was wird da behauptet? Ernten wir das potenzierte Echo unserer eigenen Gedanken?

Damit eine Gedankenform entstehen kann und einen gewissen Einfluss hat, muss sie sich mit einer heftigen, starken Emotion in einem Teil unseres Gehirns aufgeladen haben. Und damit sie die Botschaft, die sie in sich trägt, auch tatsächlich verkündet, muss diese genau definiert und ständig wiederholt werden.

So sind also die Auswirkungen einer vorübergehenden Wut über eine bestimmte Situation nicht vergleichbar mit jenen, die wir erzeugen, wenn unsere gewaltsame Wut wiederholt zum Ausdruck kommt.

Wenn wir ständig und regelmäßig Groll gegenüber einer Person empfinden, die wir für die Ursache unseres Unglücks halten, senden wir elektromagnetische Wellen aus, die den Grundstock für eine Gedankenform des Hasses bilden.

Wenn diese Gedankenform sich vor allem gegen eine bestimmte Person richtet, wird sie den Egregor des Hasses erreichen, und dann geht ihre Entwicklung folgendermaßen weiter: Die Gedankenform des Hasses kommt an ihrem Bestimmungsort an, und wenn der Empfänger eine Emotion in sich trägt, die eine Bresche in seiner Aurahülle öffnet und auf das reagiert, was ihm da übersandt worden ist, wird die Gedankenform seine Auraschichten durchdringen und sich, je nach Art der Botschaft, die sie überbringt, in seinem physischen Körper festsetzen.

Es wird immer so viel über den bakteriologischen Krieg geredet, aber der Krieg, der mit Hilfe von schädlichen Gedankenformen geführt wird, ist weitaus wirksamer und heimtückischer als jede andere Zerstörungswaffe. Die Weltregierung*, die das Räderwerk dieses Mechanismus genau kennt, bedient sich seiner seit Jahren als Manipulationswerkzeug, das wir uns im Folgenden noch genauer anschauen wollen.

Kehren wir also zu dem Empfänger dieser Gedankenform zurück und zu dem, was diese auf einer bestimmten Ebene seines Wesens bewirkt: Die Person, die die Botschaft auffängt, kann eine Erkältung bekommen, sich den Knöchel verstauchen, sich ein bisschen bedrückt fühlen oder mehr oder weniger schnell einen noch schlimmeren Schlag erleiden. Gleichzeitig sind wir uns nicht im Klaren darüber, dass wir uns trotz guten Willens in eine Art bösartige Hexe verwandelt haben, ganz ähnlich wie jene, die andere mit dem "bösen Blick" bedenken.

Es gibt jedoch weiterhin die kosmischen Gesetze, denen zufolge die Gedankenformen mit schweren und niedrigen Schwingungen nur jene Menschen mit einer energetischen Wellenlänge erreichen, die sich im Einklang mit dem befindet, was ihnen da übersandt wird.

Im Fall von Simon haben seine cholerischen Gedankenformen, obwohl sie gegen niemand Spezielles gerichtet waren, trotzdem eine Lücke gesucht, um sich bei allen Personen, die sich um ihn herum befanden, einzuschleichen. Doch der Mann, der im Wartezimmer saß, hatte in jenem Moment überhaupt nichts mit

---

* Siehe Anne Givaudan, *Dopo l'11 settembre: dalla sottomissione alla libertà (Nach dem 11. September: von der Unterwerfung zur Freiheit)*. Band II, Amrita, Turin 2004.

dieser Wut gemein und ist deshalb auch von den dunkelroten Hydraköpfen verschont geblieben, die auf der Suche nach Beute waren (siehe Seite 50).

Das unterstreicht also die interessante Tatsache, dass uns die gegen uns ausgesandte Energie nichts anhaben kann, wenn wir absolut nichts mit ihr am Hut haben. Doch unabhängig davon, was ein anderer Mensch an uns aussenden kann, ist er nie die Ursache unseres Problems. Er hat nur die Rolle (und auch das häufig unbewusst), einen Riss in unserer Aurahülle aufzuzeigen und einen Finger auf die noch nicht zugeheilte Wunde in unserem Innern zu legen, die wir nicht akzeptieren wollen.

An diesem Punkt beginnt eine andere Reise – und das mit Lichtgeschwindigkeit: Es ist die Rückreise der Gedankenform.

Eines muss man der Gedankenform lassen: Ob es ihr nun gelungen ist oder nicht, in die Aura des Adressaten einzudringen, sie besitzt eine unleugbare Qualität: Sie ist treu. Sobald sie ihre "Aufgabe" erfüllt hat, kehrt sie mit mehr Energie als zuvor zu ihrem Schöpfer zurück, weil sie sich dank der Gedankenformen, die sie unterwegs angezogen und getroffen hat, mit neuer Energie aufladen konnte. Zahm siedelt sie sich um die Aura der Person an, die sie ausgesandt hat, und fegt dabei alles andere zur Seite, ohne sich des Unheils bewusst zu sein, das sie da anrichtet. Danach dringt sie in die Aura ein, indem sie sich wieder der Lücke bedient, die es ihr überhaupt erst ermöglicht hatte, in die Welt hinauszugehen.

So bekommen also die "Auftraggeber" dieser Gedankenformen diese anschließend dank des energetischen Beitrags analoger Gedankenformen, die von ihnen angezogen wurden, doppelt so stark aufgeladen wieder zurück.

Naiv wie wir sind, wundern wir uns dann über die Schwierigkeiten und Probleme, die uns auf unserem Lebensweg begegnen, ohne uns unsere seltsame Eigenverantwortung dafür eingestehen zu wollen.

Auch wenn das Teil der "praktischen Magie" ist, hat all das jedoch nichts mit "schwarzer Magie" zu tun, bei der man sich der Hilfe von Wesen der niedrigen Astralwelt bedient, die sehr kreativ sind, wenn es darum geht, Hindernisse und Krankheiten zu erzeugen. Aber auch hier gibt es in Wirklichkeit nichts, vor dem man Angst haben müsste. Es handelt sich dabei um Wesen, die zwar keinen physischen Körper, aber den Wunsch haben, Erfahrungen in der Materie zu sammeln. Deshalb werden sie zu Untergebenen von Wesen, die über sie eine Autorität ausüben, ohne dabei irgendeine Ahnung von dem zu haben, was wir in der Regel "Ethik" nennen. Aber ich muss sagen, dass mir sehr viel öfter Fälle von "Selbstbesessenheit" begegnet sind als echte Besessenheit.

Wer glaubt, das Opfer von bösem Zauber geworden zu sein, macht sich normalerweise auf die Suche nach jemandem, der ihn davon befreien kann, und schreibt damit dem Zauber all seine Schwierigkeiten zu. Es ist eben im Allgemeinen sehr viel einfacher, dem "anderen" die Verantwortung für unsere Missgeschicke in die Schuhe zu schieben und auf diese Weise zu vermeiden, uns selbst die Verantwortung zu geben, was natürlich sehr viel schmerzlicher, jedoch weitaus gesünder wäre.

Fast all diese "Besessenen" haben selbst eine dunkle Aura um sich herum erschaffen und vergiften sich selbst mit ihren Gedankenformen, die mit jedem Schritt, den sie machen, stärker werden. Auch in diesem Fall, d. h. wenn wir so funktionieren, ist es nicht weiter überraschend, wenn wir anschließend in die Hände von Menschen fallen, die die Macht der Stärke vorziehen.

"Stärke ist Macht ohne das Ego ...", diese Worte eines kambodschanischen Meisters klingen immer noch in mir nach (siehe *Dalla sottomissione alla libertà,* Band I).

Wie viele Therapeuten erschrecken ihre Patienten mit Worten, die mit ungesunden Egregoren verbunden sind, die nach Zauberei und Wahrsagerei riechen. Ihre "Opfer" sind so glücklich, wenn sie sich befreit glauben, dass sie zu allem bereit sind. Bis zu dem Moment, in dem auf ihrem Lebensweg plötzlich wieder die gleichen Probleme und Schwierigkeiten auftauchen, weil sie in Wirklichkeit nichts an ihrer Sichtweise und an ihrer Einstellung gegenüber dem Leben geändert haben.

Diese Selbstvergiftung kann natürlich, wie jede andere Gedankenform auch, "Krankheitsentitäten" anziehen, ohne dass es sich dabei um einen echten Fall von Besessenheit handeln würde.

Ich möchte damit nicht abstreiten, dass es das Phänomen der Besessenheit gibt, nur scheint es mir sehr viel seltener aufzutreten, als man uns glauben machen will. Wenn es tatsächlich vorkommt, dass man besessen wird, liegt das immer daran, dass ein Teil der Person dem zugestimmt hat. Es gibt viele Arten der Zustimmung. Es kann sein, um eine Geschichte abzuschließen, die wir für "abgehakt" halten, oder weil in der betroffenen Person eine Lücke vorhanden ist, die sich in Einklang mit der verschmutzenden Energie befindet. In Wirklichkeit ist die Art und Weise relativ unwichtig.

Nach meinen Beobachtungen und Erkenntnissen sind fast alle Fälle von Besessenheit auf Wesenheiten zurückzuführen, die nicht wissen, wo sie hin sollen. Es kann sich dabei um verstorbene Wesen handeln oder solche, die sich vorübergehend verirrt haben, oder wieder andere, die noch nicht inkarniert sind. Sie finden Platz in einem Teil von uns, den wir uns weigern auszufüllen. Das kommt beispielsweise bei Personen vor, die ihre eigene Inkarnation und das, was das Leben ihnen zu bieten hat, ablehnen und sich daher ständig auf der Flucht befinden, Menschen, die mit Hilfe von Drogen vor dem Leben fliehen, Menschen also, die das Leben verweigern.

Wie dem auch sei: Der Exorzismus ist etwas ganz Besonderes, für das eine ätherische Energie nötig ist, die mindestens doppelt so stark wie die normale sein muss. Nur wenige sind daher im Stande, Exorzismus zu praktizieren. Wenn ich hier von Exorzismus rede, beziehe ich mich vor allem auf Personen, die von Wesen befallen sind, die von magischen Praktiken angezogen werden.

Eine seltsame Begegnung

Luis de C. ist für seine fünfundsiebzig Jahre noch eine sehr elegante Erscheinung. Er ist Lehrer, hat viele Reisen unternommen und trägt viele unvergängliche Erinnerungen im Herzen. Er ist genau die Art von Person, die sog. "paranormale" Phänomene nur so anzieht. Eines Tages waren wir bei ihm zum Tee eingeladen, den er aus einem außergewöhnlichen Samovar servierte, ein Mitbringsel von seinen Reisen, als er uns folgende Geschichte erzählte, die auch in seinem im Selbstverlag erschienenen Buch *La riva invisibile (Das unsichtbare Ufer)* veröffentlicht wurde.

Er wohnte alleine in einem Schulgebäude am Stadtrand von Paris, als er eines Nachts Besuch von einem äußerst ungewöhnlichen Wesen bekam. Die Geschichte spielte sich folgendermaßen ab:

"Plötzlich wurde ich durch ein seltsames Geräusch aus dem Tiefschlaf gerissen, das aus der Wand hinter meinem Kopf zu kommen schien. Es war wie ein kräftiges Blasen und gleichzeitig ein animalisches Grunzen, das von einem Monster ausging, das versuchte, sich durch die Mauer einen Weg zu mir zu bahnen. Ich brauchte einige Sekunden, um mir klar zu werden, dass ich nicht träumte und wirklich wach war. Ich machte mich also daran, schnell aufzustehen, um die Lampe anzumachen und dem Eindringling, wer auch immer es sein mochte, entgegenzutreten. Doch mir blieb keine Zeit mehr dazu, weil mich eine unsichtbare Kraft gepackt hatte und mich mit der linken Schulter und dem Kopf wie in einem Schraubstock auf dem Bett festhielt. Ich hatte Angst. Ich war sprichwörtlich wie gelähmt, und Panik überfiel mich. Meine Hände und Beine zitterten wie Espenlaub. Ich begriff, dass ich hier einer bösen Kraft gegenüberstand, gegen die ich nicht ankämpfen konnte. Also rief ich Christus an, weil ich dachte, nur er könnte mich von diesem Dämon befreien.

Aber der Schraubstock gab nicht nach. Da begriff ich, dass die einzige Waffe, die in diesem Fall die Überhand gewinnen konnte, die Liebe war. Also sagte ich an meinen unsichtbaren Angreifer gewandt:

"Du bist gut! Ich danke dir, dass du mir die Gelegenheit geboten hast, mein Vertrauen und meinen Glauben in Gott unter Beweis zu stellen. Dank dir habe ich Gott angerufen, ohne auch nur einen Moment an seinem Mitgefühl und seiner *Stärke* zu zweifeln. Danke! Dir verdanke ich die Gelegenheit, meinen Glauben in meinem Leben zu erfahren. Du bist gut, und ich werde für dich beten."

Da lockerte sich der Griff mit einem Mal, ich konnte meine Glieder wieder bewegen und sah eine große schwarze dampfartige Gestalt, die mein Bett umgab. Dann hörte ich die mit Mühe hervorgestoßenen Worte: "Ich gehe."

Es war eine schreckliche Stimme. Stellt euch einen alten Mann vor, der mit vollem Mund zu sprechen versucht. Im selben Moment hörte ich hinter der Tür Geräusche. Der schwarze Engel war gegangen und hatte seine Gleichgesinnten gleich mitgenommen. Ich knipste die Lampe an, stand auf und sah, dass die Tür angelehnt war. Wie ihr euch vorstellen könnt, habe ich danach nie mehr vergessen, die Türe zu schließen in diesem einsamen Gebäude, in dem ich alleine lebe."

Ähnlich wie dieser Lehrer haben auch die Essener nie versucht, gegen "Krankheits-Entitäten" anzukämpfen, sondern einfach nur Licht zu verbreiten, damit der Schatten wieder zu dem wurde, was er in seiner Essenz immer gewesen war: göttlich.

Könnten wir nicht dasselbe Prinzip bei allem anderen anwenden, das wir als Schatten betrachten und das nur deshalb da ist, um uns den Weg zum Licht zu weisen? Gibt es denn wirklich Schatten und Licht? Ist es nicht letztendlich nur eine einzige Energie mit verschiedenen Gesichtern?

KAPITEL XXI

Gedankenformen des Lichts

*"... Wenn wir anfangen einzusehen, dass wir
gut sind, ist das schon ein Riesenschritt ..."*
(Anne und Daniel Meurois-Givaudan,
Die Reise nach Shambhala)

Bis jetzt haben wir hauptsächlich über die Gedankenformen gesprochen, die uns erschöpfen, die unser Vorwärtskommen beschwerlich und uns körperlich oder psychisch krank machen. Aber vielleicht fragen Sie sich, und das zu Recht, warum ich nicht über die Gedankenformen des Lichts gesprochen habe, die uns umgeben. Tja, das liegt genau daran, dass *sie sich nicht in unserer Aura anstauen!*

Eine Gedankenform, die wir erschaffen haben, indem wir sie durch schwere Energie erzeugt haben, d. h. einer Energie der Wut, der Traurigkeit, des Zweifels, kurz und gut eine jener Energien, die von unserem Ego ausgestrahlt werden, besitzt eine gewisse Dichte, ein Gewicht und eine Form. Je schwerer und gewichtiger sie ist, umso näher ist sie der physischen Materie, umso sichtbarer ist sie und umso fassbarer. Ihre Dichte sorgt dafür, dass sie, nachdem sie einen Riss in unserer Aurahülle produziert hat, um uns herum hängen bleibt.

Eine Gedankenform der Angst oder der Wut bleibt also kurz nach ihrer Entstehung ganz bei uns in der Nähe, wie ein Koffer, den wir jeden Monat ein bisschen mehr füllen und dabei die alten Kleider, die er schon enthält, drinnen lassen. Eines Tages passt dann nichts mehr in den Koffer hinein, weil er zu voll ist und wir auch physisch nicht mehr länger die Kraft hätten, ihn mit uns herumzuschleppen. Das ist dann "der Tropfen, der das Fass zum

Überlaufen bringt", der Moment, in dem wir die "Schnauze voll haben" und manchmal die Krankheit in unserem physischen Körper entdecken, die auf die geringe Aufmerksamkeit zurückgeht, die wir dem, was wir ständig mit uns herumgeschleppt haben, geschenkt haben.

An jenem Punkt erscheint uns das Leben wie ein Strudel, aus dem es schwer ist, sich wieder herauszuziehen. Und doch können wir nicht länger ignorieren, dass wir krank sind, dass die Erde krank ist und dass unsere innere Passivität im Moment das größte Chaos erzeugt.

Über die Gedankenformen, die wir weiterhin erzeugen und nähren, arbeiten wir eng mit dem zusammen, was ich die "Weltregierung" nenne. Es ist leicht, sich verzweifelt oder machtlos gegenüber den Aktionen dieser Regierung zu fühlen, die sich dessen bedient, was in uns die niedrigsten Schwingungen hat. Und trotzdem weiß die wahre Liebe nicht, was sie mit unserem Gejammer anfangen soll, das keinerlei Nutzen hat.

Wie oft habe ich Leute sagen hören: "Ich fühle mich angesichts der Dinge, die sich auf der Erde abspielen, so ohnmächtig, dass ich lieber nichts davon weiß. In meinem Alter möchte ich ein ruhiges Leben leben. Andererseits ist das schon immer so, und wie oft habe ich mir Schuldgefühle deswegen gemacht, und das hat auch nichts daran geändert. Lasst mich deshalb einfach mit all diesem Kram in Ruhe …"

Die Antwort dieser Person kommt dem, was die meisten Menschen denken, ziemlich nahe. Solange uns ein "Problem" nicht direkt betrifft, solange nichts den bequemen Komfort unseres westlichen Lebens stört und verändert, beschränken wir uns aufs Mitleid.

Vielleicht unterschreiben wir mal eine Petition, schicken eine E-Mail, nehmen an einer Demonstration teil, spenden ein bisschen Geld: Aber ist der Krieg im Grunde unseres Herzens wirklich vorbei? Sind unsere Gedanken vielleicht klarer und lichtvoller? Oder nähren wir wie immer weiter unseren alten Groll und unsere alten Mechanismen des Selbstschutzes und der Flucht? Haben wir unsere innere Einstellung, mit der wir das Leben sehen und die es zu dem macht, wie es uns vorkommt, verändert? Haben wir beschlossen, nicht mehr mit dem Schatten in uns drinnen zusammenzuarbeiten? Unterscheiden wir weiterhin in gute und schlechte Wege, in Menschen, die den richtigen Weg gehen und andere, die davon abkommen? Werden wir die Welt und uns selbst noch lange weiter bewerten und bestrafen?

Ohne einen inneren Willen zur Transmutation wird jede Handlung vergeblich sein.

An dieser Stelle möchte ich für Sie einen der Meister von Shambhala zitieren:

"… Die Gesamtheit der menschlichen Rasse glaubt sich einem Labyrinth gegenüber zu sehen, denn sie weiß nicht, dass es das Trugbild der Projektion ihrer eigenen Gedanken ist. Es ist nun an der Zeit aufzuhören, ein Zentrum außerhalb von uns zu sehen, denn es ist nur einen Schritt von unserem kleinen Selbst zum großen Selbst, ein Schritt, an dem uns nur unser Ego hindert. Die Seele hat das Gesicht dieses Egos. Die Seele hat das erlebt, was sie erleben musste. Jetzt ist es Zeit, sie reinzuwaschen und sie in dem Geist, dem sie entsprungen ist, aufzulösen … Eure Kenntnisse werden euch zu nichts oder nur zu ganz wenig nutzen … Wer hat jemals eine Enzyklopädie gesehen, die sich von alleine durchblättert? Einen Kugelschreiber in die Hand nehmen, einen Nagel in die Wand schlagen, ein Essen zubereiten, das sind die alltäglichen Gesten der Menschen. Wenn sie für euch unbedeutend sind, dann sind sie das Zugeständnis eurer Verirrung. Mögen sie zu euren Lebensgebeten werden, dann bleibt ihr im Zentrum von euch selbst … Und die Materie ist euer Sprungbrett … Liebt, ohne mit der Liebe zu knausern, liebt wie die Liebe selbst."

Eine Gedankenform des Lichts, der Freude, der reinen Liebe ohne Trennungsgefühl ist etwas äußerst Subtiles. Ich bin auf meinen Reisen, sowohl auf der physischen als auch auf der feinstofflichen Ebene, großen Wesen begegnet, die von einer ungewöhnlichen Lebensenergie erfüllt waren. Diese Aura, die vom Herzchakra ausgeht, aber auch von allen anderen Lebensatomen eines liebesfähigen Wesens, überschwemmt mit ihrem Licht häufig eine ganze Region. Sie umgibt jedes Wesen mit einer so feinen und liebevollen Energie, dass wir alle von der Präsenz von Menschen dieses Kalibers angezogen werden, die uns unvergleichliche Nahrung bieten. Anhand des folgenden Beispiels nehmen wir am Werdegang eines reinen Gedankens teil (d. h. eines Gedankens, der in keinster Weise wertend ist), der immer wieder mit ganzer Kraft von einer Person ausgeht, die jeder von uns sein könnte.

Steve

"Das Maß der Liebe ist, maßlos zu lieben." *(Hl. Augustinus)*

Steve ist ein junger Engländer, der in Frankreich studiert, genauer gesagt in Paris. Seit einigen Monaten ist er unsterblich in ein Mädchen verliebt, das jedoch an einer Universität in Südfrankreich studiert. Da er nicht viel Geld hat, kann er sie nur ab und zu am Wochenende besuchen. Zum Glück gibt es ja noch Autostop.

Wenn Steve nicht mit Maggie zusammen ist, träumt er von ihr und häufig schweift sein Blick während des Unterrichts in Richtung einer sehr irdischen Welt ab, die jedoch leider so weit weg ist. Seine Leidenschaft ist so stark, dass Steve ihr telepathische Botschaften voller Liebe zukommen lässt und Maggie ihrerseits spürt, wie in ihr eine große, starke Liebe entsteht. Abends in seinem Zimmer legt Steve eine Schallplatte auf, die beide mögen, dieselbe Musik, die auch sie hört, und bei der sie sich einander nahe fühlen. In derselben Zeit werden auf anderen Ebenen eine Menge Gedankenformen der Liebe und der Freude auf den Weg geschickt, die Vorboten zukünftiger Treffen sind.

Wenn Steve so stark an Maggie denkt, dass er das Gefühl hat, sein ganzer Körper sei von ihr eingenommen, ist das nicht nur eine Frage von Begierde. Er erwartet keine Gegenleistung, und er weiß, dass er sie auch weiterlieben würde, wenn Maggie in nicht lieben würde. Das ist jedenfalls das, was er im Augenblick im Grunde seines Herzens denkt, ganz ehrlich.

Die Gedankenformen, die Steve aussendet, sind aus einer so lichtvollen Substanz, dass sie alle seine Körper und alle seine schützenden Auraschichten durchdringen, ohne irgendeine zu beschädigen. Ganz im Gegenteil, sie verstärken bei ihrem Durchgang die Auraschichten noch und erfüllen sie mit Licht, so dass sogar Menschen, die Steve nicht kennen, ihn als glücklichen, unverletzlichen Menschen wahrnehmen und um ihn herum die Liebe spüren, die ihm innewohnt. Während dieser gesamten Verliebtheitsphase erleben die Auraschichten von Steve eine unübertreffliche Expansion und Stärke, die der beste Schutz gegen alles sind, was ihm zustoßen könnte.

Kurioserweise fühlt sich der junge Mann total in Form, auch wenn er jeden Abend bis spät in die Nacht lernt, um die Zeit wieder aufzuholen, die er am Wochenende mit Maggie verbracht hat. Er hat in letzter Zeit keine Erkältung und keinerlei Beschwerden mehr gehabt und fühlt sich im Vollbesitz seiner Kräfte, während die Welt sich um ihn herum verändert.

Für diesen jungen Engländer vom Lande, der Paris und besonders das Viertel, in dem er wohnt, zunächst ziemlich dreckig, laut und weit von der Universität entfernt fand, erscheint jetzt alles in einem anderen Licht. Jetzt ist Paris in seinen Augen die Stadt, in der alles möglich ist. Im Viertel lächeln ihm die Leute zu und sind unversehens freundlich geworden. Sogar der Lärm scheint verschwunden zu sein oder zumindest fast. Die Müllautos und Müllmänner, die ihn jeden Morgen geweckt haben, sind immer noch dieselben, aber seit einiger Zeit gefallen sie ihm, als ob sie ein Bestandteil des Lebens in diesem Viertel wären. In Wirklichkeit liebt er alle und jeden und versprüht sein Lächeln und seine Lust zu lieben an alle um ihn herum.

Die Gedankenformen des Lichts sind eben genauso ansteckend wie die anderen. Während im Falle von Simon die Gedankenformen mit ihren Schlangenköpfen nach einer Lücke Ausschau hielten, in die sie eindringen konnten, räumen die Gedankenformen von Steve alles Dunkle um sich herum aus dem Weg und verbreiten eine Energie der Freude. So berühren sie mit einer zärtlichen Umarmung alle diejenigen, die ihnen Zugang gewähren. Wenn wir auf einer feinstofflichen Ebene den Tanz beobachten könnten, der um den jungen Mann herum stattfindet, wenn er auf der Straße läuft, würden wir Lichtbänder sehen, die alle, die an ihm vorbeikommen, gleichermaßen mit ihrer zärtlichen Berührung streifen.

Eine alte Frau kreuzte einmal seinen Weg auf dem Bürgersteig. Sie hatte Trauerkleidung an, weil sie vor kurzem ihren einzigen Sohn bei einem Autounfall verloren hatte. Ganz in schwarze Gewänder eingehüllt, sowohl auf physischer wie auf feinstofflicher Ebene, war sie ganz in ihre Gedanken versunken. Sie sah den jungen Mann nicht einmal, sondern starrte nur auf den Bürgersteig und wo sie hintrat, denn ihre Schritte schienen unsicher. Sie dachte, dass ihr Sohn wenige Gelegenheiten im Leben gehabt hatte und dass sie ihm vielleicht nicht genug versichert hatte, wie sehr sie ihn liebte. In letzter Zeit hatten sie sich nicht mehr oft gesehen. Es wäre so schön gewesen, wenn sie ihn wenigstens noch einmal hätte wiedersehen können. Jetzt fühlte sie sich wirklich alleine.

Die traurigen Gedanken drehten sich um sie herum und machten die sowieso schon dünne Schutzschicht ihrer Aura noch dünner, als plötzlich eine Liebesenergie aufflammte und sie mit ihren Schattierungen von Rosa, Blau und Gold einhüllte. Das lange Band der Liebesenergie hielt einen Moment inne, wie vor einer Mauer, doch dann wirbelte es hoch und bahnte sich in einem Augenblick unermüdlich seinen Weg durch die jungen und dunklen Gedankenformen, die um die Frau herumschwebten. Einen Moment später blieb die Frau stehen und schien in ihrer Tasche herumzukramen, die ebenfalls schwarz war.

Und wenn sie sich nun einen Tee in diesem Café gönnen würde, das ihr so gut gefiel? Diese Idee, die ihr gerade eben gekommen war, entspannte sie ein bisschen, heiterte sie auf. Als sie dann in dem gemütlichen Café saß, holte sie aus ihrer Tasche, die sie auf den Knien hatte, ein paar Fotos heraus, Fotos aus einer glücklichen Zeit, die nun vorbei war, sie aber dieses Mal nicht nostalgisch stimmte.

In ihr stieg leicht und zart eine Art Dankeslied auf. Sie wurde erfüllt von einer Dankbarkeit für alles, was sie Schönes und Gutes im Leben hatte erleben dürfen und für all die Liebe, die sie hatte empfangen und geben können ...

"Es ist schon schön, all das erlebt zu haben", tröstete sie sich bei einem Schokokuchen und einem Jasmintee, der ihr das Herz erwärmte.

Steve und die alte Frau kannten sich nicht und würden sich vielleicht nie wieder treffen, aber trotzdem gab es zwischen ihnen ein Band, das so fest und lichterfüllt war und Raum und Zeit überdauern würde: das Band eines Augenblicks der Liebe und des Glücks.

In der Zwischenzeit flog die strahlende Energie der Gedankenform weiter, um den Egregor der Liebe zu nähren, und als Tausende von Kilometern von Paris entfernt Chang die Familiengesetze durchbrechen und die Frau heiraten wollte, die er im Grunde seines Herzens wirklich liebte, fand er in diesem Egregor die Kraft, seinen Entschluss durchzusetzen.

Chang gehörte einer großen, reichen und berühmten asiatischen Familie an. Eine nicht standesgemäße Ehe war undenkbar.

Geheiratet werden durfte nur jemand vom selben Rang und von derselben Rasse. So war die Tradition, und keine Revolution hätte je etwas daran ändern können. Chang arbeitete mit seinem Vater im Familienbetrieb, aber er war ein gefühlvoller junger Mann – und vor allem wahnsinnig verliebt. Für ihn bestand das Hindernis nicht darin, dass er verliebt war, sondern in der Tatsache, dass das Mädchen seines Herzens eine Europäerin ohne Titel und Geld war. Das war das "Problem", mit dem er sich seit Monaten herumschlug.

Doch heute hatte Chang genug Kraft und Mut, um seinen Eltern entgegenzutreten. Er wusste schon jetzt, dass sein Vater ihm vor lauter Zorn androhen würde, ihn zu enterben, und dass seine Mutter ihm nie mehr in die Augen sehen wollen würde. Aber heute konnte ihn nichts mehr zurückhalten. Er war sich seiner Liebe und der Erwiderung seines Gefühls von Seiten des Mädchens sicher. Dann würde er eben, wenn nötig, in der Fabrik arbeiten, aber dieses Mal würde er dieser Sache auf den Grund gehen, nicht der Begierde, sondern der Liebe.

Das Einzige, was er wusste, war, dass alles möglich war, und dadurch zog er unbewusst die Energie, die er brauchte, von dem Egregor an, der ihm die Kraft gab, sein Ziel in die Wirklichkeit umzusetzen: dem Egregor der Liebe.

Im Gegensatz zu den Gedankenformen des Schattens bleiben die Gedankenformen des Lichts nicht in der Aura hängen. Sie sind so flüchtig, leicht und so aktiv, dass sie ihren Schöpfer mit einer ungeheuren Aura der Freude erfüllen. Ihr geringe "physische" Konsistenz, ihre geringe Dichte macht sie weder zerbrechlich noch verletzlich, sondern vielmehr widerstandsfähig gegen Manipulation. Darin liegt ihre große Stärke. Sie können nie vom Nichtlicht aufgesaugt werden.

In Wirklichkeit ist es ein bisschen so, als wollten wir die verschiedenen Frequenzen eines Radiosenders einstellen: Wir können eine Sendung hören oder eine andere, und wenn sich die Frequenzen überschneiden, hören wir nur noch ein unverständliches Rauschen.

Die Gedankenformen funktionieren ganz ähnlich. Ihre Dichte ist so unterschiedlich, dass sie nicht alle auf derselben Schwingungsfrequenz liegen. Also können sie nur von Energien erreicht werden, die sich auf einer ähnlichen Schwingungsfrequenz wie sie selbst bewegen. Eine Gedankenform des Lichts kann nicht manipuliert werden. Wenn sie hingegen auf eine Gedankenform niedriger Schwingung trifft, wie beispielsweise die von der trauernden alten Frau, kann eine Umwandlung stattfinden.

Natürlich ist mir bewusst, dass ein Wissenschaftler diese Erklärungen von mir unadäquat fände. Trotzdem ist es wichtig, sich nicht an den Äußerlichkeiten meiner Erklärung aufzuhalten, sondern die Essenz des Ganzen zu erfassen.

Zu Beginn unserer außerkörperlichen Erfahrungen hielten Daniel Meurois und ich eine unserer ersten Konferenzen in einem kleinen Saal unweit der Universität von Lille ab. Im Publikum befanden sich daher Studenten und Professoren. Zu jener Zeit, im Jahre 1971, waren Astralreisen etwas, über das niemand in der Öffentlichkeit sprach. Wir waren also mitten bei unseren Erklärungen, als sich ein Mann erhob und das Wort ergriff. Er hatte Folgendes zu sagen:

"Sie sagen beide, dass Sie solche Erfahrungen machen, und ich leite daraus ab, dass Sie Scharlatane sind. Ich forsche auf diesem Gebiet und habe bisher noch nie jemanden getroffen, dem es gelungen wäre, mit einer anderen Person zusammen seinen Körper zu verlassen. Ich bin Professor, und nehme Ihnen das einfach nicht ab."

Danach erhob sich eine andere Person, rief laut und deutlich, dass wir "gefährliche" Personen seien, und verließ den Saal.

Zum Glück saßen wir bereits! Es ging nicht einmal darum, unsere außerkörperlichen Erfahrungen in Zweifel zu ziehen, was uns in gewisser Hinsicht noch logisch vorgekommen wäre. Nein, die ganze Gegenargumentation dieser Person drehte sich darum, dass wir es zu zweit machten. Ich war einfach sprachlos und trotzdem auch beeindruckt durch die Tatsache, bereits ein kleines Publikum zu haben. Ich hätte damals alles in der Welt darum gegeben, woanders zu sein. Diese Person hatte nicht einen Augenblick daran gedacht, sich selbst der Diskussion zu stellen oder sich wenigstens zu fragen, ob es sich möglicherweise lohnen würde, das, worüber hier gesprochen wurde, eines näheren Blickes zu würdigen.

Ungeschickt wie ich damals noch war, wusste ich nicht, was ich antworten sollte, und meine Fähigkeit zurückzuschlagen, die normalerweise gut ausgebildet ist, schien mich völlig verlassen zu haben. Innerlich fühlte ich mich wie ein Fisch auf dem Trockenen.

Doch nach außen war dies nicht sichtbar. Ich, die ich von vornherein keine Lust gehabt hatte, über meine Erfahrungen in der Öffentlichkeit zu sprechen, weil ich wusste, dass ich mir zu jener Zeit ziemlich unschöne Beschimpfungen zuziehen konnte, musste mir jetzt anhören, als "Scharlatanin" oder "Lügnerin" bezeichnet zu werden! An jenem Tag war mein Stolz schwer verletzt worden, aber ich tröstete mich damit, dass ich letzten Endes niemandem irgendetwas beweisen oder vorführen musste. Von jenem Moment an fasste ich den Entschluss, mich in Zukunft wie ein Reporter zu verhalten und einfach Zeugnis von dem abzulegen, was ich erlebte, ohne zu erwarten, dass alle mir glauben müssten. Seit damals bin ich sehr viel heiterer.

So leicht und feinstofflich die Gedankenformen des Lichts auch sein mögen, so haben sie doch eine äußerst konkrete Form und Wirkung. Wenn wir die Aura einer Person anschauen, die mit einem konkreten Ziel betet und meditiert, sehen wir ein wunderschönes Licht, das sie umgibt, und geometrische Formen, die von ihr wegfliegen, um ihr Ziel zu erreichen.

Oder um es genauer auszudrücken, wenn wir an jemanden denken, der unsere Hilfe braucht, an einen Schüler, der eine Prüfung duchzustehen hat, oder an eine kranke Freundin, senden wir eine Gedankenform aus, die voller Liebesenergie ist und die, je nachdem wie stark und präzise sie ist, sobald sie an ihrem Ziel angekommen ist, alle Gedankenformen hinwegfegt, die von der Angst und Traurigkeit der betroffenen Person erzeugt wurden. Wenn die Gedankenformen, die wir aussenden, rein sind, d. h. ohne jeden Hintergedanken auf irgendeinen Vorteil für uns, wenn sie also ausgesandt werden, nicht weil wir als der Retter dastehen wollen, sondern wirklich als Akt der Liebe, wenn sie präzise sind und häufig wiederholt werden, dann ist die Wahrscheinlichkeit groß, dass sie tatsächlich die Gedankenformen des Schattens auflösen können, die der Empfänger mit sich herumschleppt.

Der oben erwähnte Schüler wird also wieder mehr Vertrauen in sich selbst bekommen, und die kranke Freundin wird ruhiger werden, um das, was sie im Moment durchlebt, besser durchstehen zu können.

Eine Gedankenform des Lichts und der Liebe kann nie anstelle der Person, für die sie bestimmt ist, deren Weg gehen. Niemand wird je an unserer Stelle unseren Weg für uns gehen, und das ist auch richtig so. Die Rolle der Gedankenformen besteht jedoch darin, uns unsere Essenz wiederfinden zu lassen und in uns die Erinnerung an jene große Sonne wiederzuerwecken, die uns nie verlassen hat.

Erwarten wir uns nichts von außen, denn in unserem Inneren ist bereits alles vorhanden. Die Liebe kann nie etwas sein und wird nie angeboten, als wäre sie etwas ganz Neues, denn sie ist schon da, präsent, um uns herum, überall. Wir haben es nur vergessen. Und letzen Endes ist es dann an uns, die Schleier, die uns die Sicht verdecken, zu lüften. Wir glauben, dass unser Blick schon weit in die Ferne schauen könnte, doch in Wirklichkeit hat er noch nicht einmal den ersten Schritt getan.

Vor kurzem habe ich etwas über die tanzenden Derwische gelesen, das im Grunde davon handelte, dass manche Sufi-Orden eben den Spiraltanz beherrschen.

"Durch die ständige Wiederhoung dieser heiligen Bewegung erreichen sie die höchsten Bewusstseinszustände. Die Derwische können das Zentrum der Spirale erreichen und mit Hilfe der magischen Kraft ihrer Wahl dorthin zurückkehren. In diesem Zustand dringt der Derwisch in die Große Stille ein und tritt in Verbindung mit dem Schöpfer. Durch das Drehen im Kreis zieht er bestimmte Energien an und stößt andere ab."*

Das hat mich an einen Tanz erinnert, bei dem sich die Derwische unermüdlich im Kreise drehten. Ich weiß nicht, ob es sich dabei um dieselben des oben erwähnten Artikels handelte, aber ich konnte während ihres Tanzes beobachten, wie dunkle Energien und Massen, die in dem lokalen Äther vorhanden gewesen waren, hinweggefegt und aufgelöst wurden, je länger der Tanz dauerte, bis zum Schluss um die Tänzer herum nur noch Licht übrig war.

Ich weiß nicht, ob diese dunklen Massen anschließend zurückgekehrt sind, oder ob es der Alchemie, die da am Werke war, gelungen war, sie endgültig umzuwandeln. Doch in der Sphäre jedes Tänzers war ein Licht zu beobachten, das sich immer weiter ausdehnte, bis plötzlich eine einzige große Energie wie ein Lichtbündel aus der Mitte der Tänzer emporstieg, das sie alle zu einem einzigen Wesen vereinte.

---

*   Jamie Sams und David Carson, *Karten der Kraft*, Windpferd, Aitrang 2001.

KAPITEL XXII

Gedankenformen und unsere Erde: Kriege, Naturkatastrophen ...

"Wer Angst vor der Dunkelheit hat, verstärkt
die Dunkelheit und verwurzelt sie in seiner
Seele."

(Anne und Daniel Meurois-Givaudan,
Die Reise nach Shambhala)

Die Veränderungen des Planeten Erde sind inzwischen so groß, dass wir unseren täglichen Beitrag zu den Energien, die sich zum gegenwärtigen Zeitpunkt um und über die Erdkugel herabgesenkt haben, nicht länger ignorieren können. Einer der wesentlichsten Faktoren für unseren Fortschritt, oder auch unseren Rückschritt, sind die Gedankenformen, die wir ständig mit aller Kraft produzieren. Was wir die "dunklen Mächte" nennen, wird von den Gedankenformen mit niedriger Schwingungsfrequenz genährt, die *von uns* erzeugt werden, sie sind der Motor aller Manipulationen.

Vor einiger Zeit, als ich gerade mit meinem Seelenkörper meine Hülle aus Fleisch und Blut verlassen hatte, hörte ich die Stimme meines Geistführers, der mir Folgendes mitzuteilen hatte:

"Lass dich führen. Suche nichts weiter als den Moment, den du gerade erlebst, und beobachte alles aufmerksam ..."

Der Körper dehnt sich aus, zieht sich zusammen, ist beweglich und formbar, wie es uns beliebt. Aber welcher Wille ist da am Werk? Eine Frage, die mir kurz in den Sinn kommt, dann aber gleich wieder verschwindet, um einem außergewöhnlichen Schauspiel Platz zu machen.

Dort unten, in Tausenden von Kilometern Entfernung von mir, dreht sich eine Kugel von einem Blau, das so leicht erkennbar ist, dass ich nicht umhin kann in meiner Überraschung auszurufen: "Die Erde!"

"Ja, es ist der blaue Planet ... Schau aufmerksam hin, und sag mir, was du siehst."

Hier und da bewegen sich milchig gelbe, undurchsichtige Formen, die anscheinend keine bestimmte Richtung verfolgen. Sie erzeugen einen undurchsichtigen Schleier ohne Licht, der sich besonders auf manche Punkte der Erde hinabsenkt. Andererseits gibt es blauere, lichtvollere Bereiche, die hier und da aufblitzen und in bestimmten Abständen das zu beleuchten scheinen, was wir als die Aura der Erde ansehen könnten.

"Ganz genau", ertönt in mir die Stimme. "Die Erde hat wie jedes andere Lebewesen auch ihre Chakren, ihre Nadis, ihre Aura und ihre feinstofflichen Körper. Sie kann wie jedes menschliche Wesen krank werden. Aber ihre Krankheit hängt ausschließlich mit den Menschen zusammen, die sie ernähren."

Genauso unvermittelt wie die Stimme in mir zu sprechen angefangen hat, schweigt sie nun und lässt mich meinen eigenen Gedanken über dieses Phänomen nachhängen. Tatsächlich befinde ich mich in diesem Augenblick in einer Art Meditationszustand. Es ist ein Augenblick, der mir heilig vorkommt.

Das Schauspiel, das sich da vor meinen Augen abspielt, ist faszinierend, und in wenigen Sekunden vergesse ich alles, was ich jemals im Geografie-Unterricht gelernt habe, all die Weltkugeln und verstaubten Weltkarten. Ich bin irgendwo dort draußen, außerhalb der Zeit in einem unendlichen Raum, in innigster Verbindung mit einem Riesenkörper, dem Körper der Erde.

Jetzt spüre ich, wie in mir eine intensive Welle der Liebe aufsteigt, die mich ganz ausfüllt und alles, was die Einheit behindern könnte, mit sich reißt.

Jetzt bin ich die Erde. Ich verliere meine vorübergehende Identität, und anstatt immer kleiner zu werden, bis ich mich auflöse, spüre ich genau in dem Moment die Ewigkeit und das Ganze. Über den Körper der Erde liebe ich mit einer unpersönlichen und umfassenden Liebe, die so groß ist, dass alle Ozeane zusammen nicht ausreichen würden, um sie aufzunehmen. Ich pulsiere in ihrem Rhythmus, lebe in ihr und über sie. Wie die

Erde bin auch ich ein Geschenk, ein Geschenk jener Energie, die durch mich hindurchfließt, ohne je irgendjemandem zu gehören.

Um mich herum, um sie herum, verschieben sich unförmige Massen, die gelb und grau sind, häufig voller Wut, Gewalt und Angst, Schöpfungen unserer Unzulänglichkeiten und unseres Herummeckerns, wenn wir uns aufführen wie verzogene Bälger.

Eine Stimme hat diesen letzten von Bitterkeit gefärbten Gedanken aufgefangen. Es ist die Stimme meines Geistführers, der sich genau in diesem Moment wieder in mir zu Wort meldet und mich mit Wärme und Ruhe erfüllt:

"Sei einfach, und werte nicht ... Du bist im Moment mit der mentalen Aura des Planeten Erde verbunden, die vom Universum der dunklen Egregore der Menschheit verseucht ist. Diese Egregore, die nur existieren, weil sie von den Gedankenformen genährt werden, die sie erreichen, sind dabei, die Menschen, die sie erzeugen, zu ersticken. Die Erde ist heute am Gedanken der Menschen erkrankt."

Ich erinnere mich jetzt, was ich über die von den Gedankenformen erzeugten Schwierigkeiten weiß. Die Gedankenformen erzeugen immer ein Hindernis in den Nadis des mentalen Körpers. Dort bleiben sie hängen, schwer und aktiv, wie sie sind, und bremsen uns bei unserem Fortkommen auf unserem Weg, in unserer Entwicklung, als wären sie tatsächlich unheimlich schweres Gepäck. Doch diese Gedankenformen beeinflussen nicht nur das Individuum, sie belasten und verlangsamen auch den Fortschritt der Erde und ihrer gesamten Menschheit. Die so gebildeten Egregore verzögern die Entwicklung unserer Körper und unseres Bewusstseins ganz erheblich.

Wenn wir die Erde wie ein Lebewesen betrachten, ist ihr Zustand psychischer Verseuchung nicht schwer verständlich, da sich die durch unsere Gedankenformen erzeugten Egregore längs der Hauptachsen des Energieflusses ihres mentalen Körpers kristallisieren und ansiedeln. Wenn unsere Gedankenformen Auswirkungen auf unseren physischen Organismus haben, können wir uns leicht vorstellen, wie sich die Egregore auf den Körper der Erde auswirken.

Die Nadis der Erde beziehen ihre Lebensenergie aus dem Zusammentreffen tektonischer Kräfte und kosmischer Wellen. Es handelt sich also um ein Netz, das wie ein echtes planetarisches

Nervensystem funktioniert. Am Kreuzungspunkt verschiedener Nadis bildet sich das, was wir heute in der Regel Chakren nennen. Heute ist es möglich, auf dem feinstofflichen Körper der Erde genauso wie auf dem feinstofflichen Körper der Menschen sieben Chakren zu zählen. Im Gegensatz zu den Menschen werden die Chakren der Erde jedoch von den Gedankenformen der Erdenbewohner beeinflusst und fluktuieren dementsprechend. Von der Qualität dessen, was wir ausstrahlen, hängt der gute Fluss des kosmischen Pranas in den Nadis der Erde und in ihren Energiezentren ab.

Es gibt einen Punkt, der für verschiedene Ebenen wichtig ist: Die Chakren der Erde sind nicht statisch. Sie verschieben sich mit ihrer Evolution und den Notwendigkeiten, die sich daraus ergeben. Es gibt nur ein Energiezentrum, das unveränderlich ist, das Energiezentrum von Shambhala, das vergleichbar mit dem Kronenchakra ist, aber auch mit dem obersten Herz unserer Menschheit. Der Geist kann sich in seiner Essenz nicht entfalten, wenn er nicht über das Herz fließt. Und dieser unvermeidliche Weg verbindet das Vertikale mit dem Horizontalen, wie im Symbol des Kreuzes, dem Zeichen der absoluten Verwirklichung, dessen gängigste Deutung hingegen mehr auf Kreuzigung und Aufopferung hinweist.

Auf ziemlich pragmatische Art wird daher offensichtlich, dass all die Erdbeben, Vulkanausbrüche oder Seebeben nichts anderes sind als Momente, in denen sich der Körper der Erde schüttelt und leidet, wie auch unser physischer Körper leidet, wenn wir Fieber oder einen Hautausschlag haben.

Ich vereinfache hier meine Erklärungen bewusst, weil im Grunde keine großen Reden nötig sind. Die Zeit der hermetischen Lehren ist vorbei, heute geht es darum, einfach zu sein: "Was man gut begreift, kann man auch klar ausdrücken." Das ist ein weiser Spruch, der hervorragend auf unsere Zeit passt.

Die Erde reagiert auch im feinstofflichsten Bereich ihres Wesens ähnlich. Und so kommt es, dass an bestimmten Punkten auf dem Globus Kriege und Konflikte an den Stellen ausbrechen, an denen die Hauptachsen oder Hauptnadis ziemlich verseucht sind von der Energie der Menschen. Der Energiefluss wird behindert, Schlacken häufen sich an und ziehen wiederum mehr Egregore voller Gewalt und Angst an.

Wenn wir es sind, die von den Gedankenformen verseucht sind, die auf einem unserer Nadis festhängen, entsteht bei uns rasch eine körperliche oder psychische Krankheit. Im Falle der Erde haben wir also das schmerzliche Gefühl, in einem Universum gefangen zu sein, in dem wir umsonst nach dem Licht suchen.

Wir alle sind miteinander verbunden, und das ist das große Wunder, welches das Leben uns anbietet. So kommt es also, dass wir den feinstofflichen Körper der Erde mit unseren Gedanken weitaus mehr verschmutzen, als wir die Erde tatsächlich physisch verschmutzen.

Doch auf der Erde gibt es auch Energien, die dazu beitragen, dieser mentalen und psychischen Verschmutzung wieder entgegenzuwirken. Das Rattenvolk, auf das wir bereits im letzten Kapitel näher eingegangen sind, hat beispielsweise die Funktion von "Müllmännern" oder Filtern angesichts der parasitären Gedankenformen, die uns belasten. Aber die Wesenheit, die ihrer Evolution vorsteht, drückt sich heute folgendermaßen aus:

"In eurer Welt geschieht im Moment etwas, das unkontrollierbar wird. Dieses Etwas ist nichts anderes als eine Vermehrung an perversen und grausamen Gedanken. Unsere Brüder, die Ratten, schaffen es einfach nicht mehr, ihre Rolle als Müllmänner der niedrigen menschlichen Psyche nachzukommen. Könnt ihr euch vorstellen, was das in kürzester Zeit bedeuten wird? Ganz einfach: die Implosion eurer Welt ..."*

Hören wir auf, uns als den Nabel des Universums, die Herren der Welt zu betrachten. Akzeptieren wir einfach die wahre Demut: nicht diejenige, die uns gebeugt macht, sondern diejenige, bei der wir wir selbst sein können. Erlauben wir uns endlich, aus unserer Isolation auszubrechen. Ich weiß natürlich, dass die Dinge, die ich hier sage, manchen wenig glaubwürdig vorkommen werden. Trotzdem ist die Erde der einzige Planet dieses Sonnensystems, der in keinem natürlichen und bewussten Kontakt zu den anderen Planeten steht.

Lassen wir die Dogmen, Gesellschaftssysteme und Kulturen hinter uns, die uns bisher vom Rest der Menschheit getrennt haben, und vereinigen wir uns endlich mit dem Leben.

---

* Siehe auch Anne und Daniel Meurois-Givaudan, *Il Popolo degli Anima-li*, Amrita, Turin 1995.

Unsere Erde ist nur ein winziger Punkt unter vielen bewohnten Welten, und wir können nicht weiterhin so tun, als wären wir die Einzigen im bekannten und unbekannten Universum.

Vor kurzem habe ich einen Film gesehen, bei dem eindrücklich aufgezeigt wurde, welche Schäden die Isolation anrichten kann. Er handelte vom Planeten Erde, wo nach einer großen Naturkatastrophe nur noch wenige versprengte Gruppen von Menschen überlebt hatten, die nicht untereinander kommunizierten. Jede Gruppe, jedes wieder aufgebaute Dorf glaubte, alleine zu sein, und jeder Bewohner lebte in ständiger Angst und war ausschließlich aufs Überleben bedacht. Eine Gruppe von Nomaden hatten einen Führer gewählt (ein ehemaliger Verkäufer von Fotokopiergeräten, dem noch ein Rest von Machthunger geblieben war), der nun mit seinen Anhängern überall Schrecken verbreitete, bis eines Tages die "Wechselfälle" des Lebens es so wollten, dass ein Mann von einem anderen Dorf als "Postbote" auftrat. Es war zwar nicht sein Wunsch, Postbote zu sein, doch er erklärte sich bereit, Botschaften von einem Dorf zum anderen zu tragen. Die Botschaften führten dazu, dass sich Hoffnung breitmachte, zwischen den verschiedenen Dörfern Kommunikation stattfand und die Menschen mit Kraft und Freude erfüllt wurden, wie sie sie seit ewigen Zeiten nicht mehr gespürt hatten. Dank der Begeisterung einiger Jugendlicher entstand also der "Orden der Postboten", und die Briefe wurden zum Fundament einer Revolution. Die Dörfer schlossen sich gegen die plündernden Nomaden zusammen und konnten endlich dem langsamen, programmierten Tod entrinnen. Sie fühlten sich alle als Teil eines großen Überlebensplans und waren jetzt stark genug, ihre Gefängnisse aus Angst und Beschränkungen in die Luft zu sprengen.

Ich erzähle Ihnen von diesem Film, weil es jetzt an der Zeit ist aufzuhören, in Begriffen von Nation, Kontinent oder sogar Planet zu denken, weil wir sonst einer Implosion entgegengehen. Wir gehören allen Menschheiten an!

Heute ist die Erde ein Ort mit verstreuten Krisenherden von verdeckten oder offen erklärten oder kurz vor dem Ausbruch stehenden Kriegen, und die Isolation ist an der Tagesordnung. Boykottieren wir dieses Land, isolieren wir das andere politisch und wirtschaftlich, nehmen wir einem Staat seine Macht, nominieren wir Diktatoren, die hier und da Terror säen werden. Aber wer sind diese so unpersönlichen Subjekte, die für diese Aktionen verantwortlich sind und denen wir kein menschliches Antlitz geben können? Ist es vielleicht der Teufel in Person? Oder eine geheime Regierung? Oder Gott, der sich von den Menschen abgewandt hat? Oder vielleicht der Zufall? Wer manipuliert uns da wohl so?

KAPITEL XXIII

Gedankenformen und Manipulationen

"In der menschlichen Psyche sind die Samen
für die Manipulation gelegt."
(Anne Givaudan, Messages des étoiles)

Wir alle sind vollständig für alles, was auf der Erde passiert, verantwortlich. Ich bin mir bewusst, dass dieser Satz Schuldgefühle hervorrufen kann, doch ich habe nicht die Absicht, Verantwortung und Schuldgefühle hier durcheinanderzuwerfen.

Das Schuldgefühl ist ein Kind des Hochmuts, der Hochmut, der uns glauben lässt, wir könnten eingreifen und das Leben der anderen ohne ihre Zustimmung verändern. Aufgrund meiner Erfahrungen als Therapeutin und als Astralreisende außerhalb meines Körpers habe ich nie jemanden getroffen, der aufgrund seiner Einstellung und seiner Taten den Lebenslauf einer Person hätte ändern können, ohne dass zumindest ein Teil dieser Person damit einverstanden gewesen wäre.

Die Schuldgefühle, die wir so häufig empfinden, sind wirklich wenig hilfreich und dienen nur dazu, uns zu zerstören, ohne den Personen zu helfen, gegenüber denen wir die Schuldgefühle haben.

Die Verantwortung hingegen ist etwas grundlegend Anderes. Und ich berufe mich auf unser Verantwortungsgefühl, wenn ich von Manipulation rede und davon, dass wir uns so oft als ohnmächtige Opfer dieser Manipulation fühlen.

Jedes Mal, wenn wir schwere und nahezu fassbare Gedankenformen aussenden, verwandeln sich diese ungeheuer schnell in Instrumente der Manipulation. Die aktuelle, inoffizielle Wissenschaft, die der Weltregierung zur Seite steht, weiß schon lange,

wie sie diese Gedankenformen manipulieren kann, die wir
selbst in unserer grenzenlosen Naivität ständig zur Verfügung
stellen.

Heutzutage wird unsere Welt zu einem Pulverfass, gefördert
durch den Machthunger, den wir selbst auf mehr oder weniger
sichtbare Weise nähren. Wollen wir wirklich aus diesem Ego-
Spiel aussteigen? Werden wir einverstanden sein, unser Ego und
die "Angst vor der Entbehrung", die sich daraus ableitet, nicht
mehr an die erste Stelle zu setzen? Das ist die große Frage.

Solange wir, angetrieben von unserer Angst vor dem Verlust,
Vorwände finden, wird es unmöglich sein, auszubrechen aus dem
Spinnennetz der Gedankenformen, die uns umgeben, und der
Egregore, die uns nähren und die wir selbst speisen.

Der größte Manipulator ist nicht außerhalb von uns. Er ist hier,
denn wir selbst sind es. Wir und unsere Begierde nach Macht,
unsere Verlustängste, unser Wunsch, andere zu übertreffen. Überall versuchen wir, einen Platz zu ergattern, den uns niemand jemals weggenommen hat.

Wir kämpfen gegen uns selbst, ohne zu wissen, dass das Blut,
das wir um uns herum vergießen, hauptsächlich unser eigenes ist,
mehr als das Blut von anderen. Wir verletzen und foltern uns
immer weiter, rennen weinend mit dem Kopf gegen unsere eigenen Wände und verfluchen den Schöpfer.

Wir erzeugen ständig Lügen.

"Immer belügen wir uns selbst, noch bevor wir andere belügen." Das große kosmische Gesetz ist für alle gleich, es ist "un-
moralisch" – und zwar in dem Sinne, dass es die Moral transzen-
diert. Es zeigt kein Interesse daran, wissen zu wollen, ob es die
Reichen oder die Armen trifft, die Guten oder die Bösen, die
Jungen oder die Alten. Es *ist einfach* – und damit basta.

Wir stöhnen hinter den Gittern eines Gefängnisses, das wir uns
selbst geschaffen haben, Stein um Stein, das aber eigentlich nur
aus Wind besteht und das wir in jedem Moment auflösen könnten.

Die Wesen der Weltregierung existieren nur, weil wir es so
wollen. Sie bedienen sich nur dessen, was wir selbst ihnen anbieten – vor allem des Niedrigsten in uns.

Jedes Mal, wenn wir uns daher dank der Werbung ein noch
teureres oder luxuriöseres Objekt wünschen, lassen wir zu, dass
diese Energien unser zweites Chakra aktivieren, das unersättlich

ist und bettelt: "Ich will mehr, ich will mehr...", um mehr zu erscheinen und etwas Ähnliches wie Stärke zu präsentieren.

Ich höre schon, wie jetzt jemand sagt:

"Diese Dinge haben wir alle schon mal woanders gehört, in unserer alten Kirche. Das ist nicht, was wir heute brauchen. Schluss mit den Verboten, Lust zu empfinden, Schluss mit den Einschränkungen jeglicher Art, mit der religiösen Askese, die die Welt dahin gebracht hat, wo sie heute ist. Wir wollen neue Vorschläge ..."

Das Leben, die Freude, die Liebe haben nichts mit der Macht gemein. Das Schöne lieben, sich lieben, sich Zeit für sich selbst nehmen oder sich das gönnen, was man liebt, ist ein Zeichen der Achtung dessen, was wir sind, und dagegen habe ich gar nichts einzuwenden. Die destruktiven und manipulierbaren Gedankenformen wohnen der ausgestrahlten Energie inne, die "mehr" oder "etwas Besseres" als die anderen besitzen will.

Sich aus Liebe für das Schöne mit schönen Dingen zu umgeben, ist eine Handlung, die eine andere Energie ausstrahlt als diejenige, die darauf abzielt, sich aus Liebe zum eigenen Ego mit schönen Dingen zu umgeben. Und genau darin besteht der große Unterschied. Das ist keine Frage der Moral, sondern nur eine Frage der feinstofflichen Physik.

Die Tatsache, immer mehr zu wollen, scheint eine Nichtigkeit zu sein. Doch jede Energie der Macht, die wir erzeugen, nährt eine andere stärkere und gefährlichere, den Egregor der Macht selbst, der wiederum seine Kraft über den potenziellen oder bereits aktiven Despoten ausschüttet.

In jedem Moment reichen wir dank der Gedankenformen, die wir erzeugen, und der Handlungen, die sich daraus ergeben, denjenigen die Hand, die wir selbst anklagen, unsere Manipulatoren zu sein, und verstärken damit ihre Wirkungskraft.

Ich erinnere mich noch an die Zeit, als alle aufgebracht über das Vorgehen von Sadam Hussein waren. Ich erinnere mich noch an die Schärfe ihm gegenüber, an die Gebete, die darauf abzielten, seinem Handeln Einhalt zu gebieten. Sie werden sich wundern, was ich damals sah: Die Gedankenformen der Wut und des Hasses, die dem Tyrann entgegengeschleudert wurden, vereinigten sich mit dem Egregor, aus dem er sich nach Lust und Laune mit der Energie des Hasses versorgte, die er seinerseits brauchte, um seine Ziele zu konkretisieren.

Die unwissenden Menschen mit gutem Willen nährten also, ohne es zu wollen, den Despoten, gegen den sie versuchten anzukämpfen.

Hass ruft neuen Hass hervor, und ein Prozess, der in Gang gesetzt ist, kann nicht dadurch ausgeräumt werden, indem man *gegen* etwas oder jemanden ankämpft.

Wie wir an den vielen, von mir zitierten Beispielen gesehen haben, ist das Licht das einzige, was in der Lage ist, den Schatten so weit zu erhellen, dass er sich auflöst.

Ausgehend von dem Prinzip des Egregors selbst ist es nutzlos, auf ein konkretes und vor allem dauerhaftes Ergebnis zu hoffen, solange wir nicht genügend Licht ausstrahlen, um eine Transmutation des Schattens zu ermöglichen. Wie viel vergeudete Energie oder wie viel Energie, die genau das Gegenteil von dem bewirkt, was wir uns wünschen, wie viel Energie wird ständig darauf ausgerichtet, "gegen" etwas zu kämpfen. Aber man kann nicht gegen die Menschen kämpfen. Wir können hingegen die Dunkelheit, deren Instrument sie häufig nur sind, erhellen.

Im Tao Te King steht geschrieben: "Alle wissen, dass der Schwache über den Starken und der Sanfte über den Harten triumphiert, doch niemand setzt es in die Praxis um."

Die Weltregierung ist ein Staat über den Staaten.* Das uneingestandene Ziel derer, die dieser Regierung vorstehen, ist, die Macht über die Erde zu ergreifen und Sklaven zur Verfügung zu haben, die wie Tiere sein werden, angetrieben von einer einzigen Ideologie und leicht manipulierbar. Die Erde könnte auf diese Weise als Kolonie für die Wesenheiten aus dem Weltraum dienen, deren Technologie weitaus fortgeschrittener ist als die, die wir derzeit zur Verfügung haben, deren Energie jedoch der Energie der Erdenbewohner sehr ähnlich ist. Die Bewohner der Erde wissen sehr gut, was "kolonisieren" bedeutet. Auch wir haben unsere Perioden des Sklaventums und der Kolonisation durchlaufen, in der die als Geiseln genommenen Völker nicht mehr wert waren als eine Herde Vieh, die es nach Lust und Laune auszunutzen galt. Und heute fahren wir weiter damit fort, die Wirtschaften anderer

---

* Siehe Anne Givaudan, *Dopo l'11 settembre: dalla sottomissione alla libertà*, Band II, Amrita, Turin 2004.

Länder auszusaugen, die Minderheiten auszurotten, die uns lästig sind, und vorgetäuschte Kriege zu führen. Warum wundern wir uns also, wenn andere sich so verhalten, wie wir uns verhalten haben und weiterhin verhalten?

Die Personen, die auf der Erde die Aufgabe haben, dieser Regierung vorzustehen, sind naiv genug zu glauben, die unbestrittenen Herren über die Erde werden zu können, ohne auch nur den Verdacht zu hegen, dass andere, deren Identität sie nicht einmal kennen, für sie Wege vorgesehen haben, von denen sie nicht den blassesten Schimmer haben.

Die Mitglieder der Weltregierung erzeugen in uns einen Impuls, der Gedankenformen in Gang setzt, die wiederum zu ihrem Machtaufstieg beitragen werden. Ihre Mittel, um das zu erreichen, sind vielseitig.

So programmieren sie Musik mit binärem Rhythmus, die unser Radio überschwemmt, die Struktur unserer feinstofflichen Körper auflöst und sie so zerbrechlicher und dünnhäutiger gegenüber der wachsenden Aggressivität macht. Sie haben die Drogenkartelle in der Hand, die die jungen Menschen schwächen und beliebig manipulierbar machen. Sie haben das Informationsmonopol über die Finanzen in der Hand, mit denen sie es aufrechterhalten. So verbreiten sie über die Wellen alles, was in uns ein Gefühl der Ohnmacht weckt, unsere Sensationsgier fördert, unsere Lust auf Mittelmäßigkeit und die Verzweiflung.

Sie sind überall, und trotzdem ist ihre Zerbrechlichkeit vergleichbar mit der Stärke, die sie manifestieren. Sie haben eine einzige Macht, und das ist diejenige, die wir ihnen jeden Tag zum Geschenk anbieten. Zum Beherrschen der Welt bauen sie auf unsere Schwäche und unsere Ängste, unsere Inkohärenz und unsere Gleichgültigkeit sowie auf unseren Schlummerzustand. Wie überrascht wären wir, wenn wir wüssten, wer sich hinter all den Masken, vor denen wir solche Angst haben, versteckt! Aufgeblasene Typen, die sofort in sich zusammensinken würden, wenn wir das wirklich wollten.

Sie haben Geld und Macht, sie entscheiden über einen Konflikt oder eine Epidemie oder eine technische Neuerung. Sie können das Klima manipulieren. Aber wer ihnen diese Macht gibt, das sind *wir allein*.

Sie sind die "Materialisierung des Unbewussten der Menschheit auf der Erde, die Konkretisierung des schrecklichen Machthungers, der Gier der menschlichen Gattung", wie es unser Lichtlehrer in dem Buch *Dalla sottomissione alla libertà* ausdrückte.

Die Weltregierung, die wir eben gerade nicht wollen, ist etwas, dessen Existenz wir uns weigern zu sehen. Denn wir sind die "Eltern", die für ihre Ernährung sorgen, wir sind die kleinen tyrannischen Gouverneure unseres Staates, wir, die wir toben und fordern, schreien, uns hintergangen und schlecht behandelt fühlen, wenn wir nicht alles erreichen, was wir wollen.

Auf den feinstofflichen Ebenen der Erde habe ich das schmerzliche "Privileg" gehabt, Kämpfen, titanischen Schlachten beizuwohnen, in denen sich die Mächte des Schattens und des Lichts verdichten und entgegentreten. Um die Erde herum gibt es Wesenheiten aus dem Weltraum, die gekommen sind, um zu erobern und zu unterwerfen. Diese Wesen sind mit einem Machtwillen ausgestattet, der jedoch bisher an einem Lichtschild abprallt, der zumindest den größten Teil des Erdumfangs immer noch schützt. Aber wie lange wird dieser Schutz noch ausreichen und andauern? Ich weiß es nicht... Manchmal höre ich die "Propheten" eine dunkle oder lichterfüllte Zukunft voraussagen. Ich persönlich halte mich lieber daran, was mir immer beigebracht wurde: Die Zukunft ist ein weißes Blatt, auf das die Erde und ihre Bewohner ihre Geschichte schreiben können. Eine Zukunft also, die eine ewige Gegenwart birgt, die nur darum bittet, wiederentdeckt zu werden.

Was haben wir schon zu befürchten? Eigentlich nur das, was unsere Seelen akzeptieren umzusetzen. Die von kranken Seelen geschaffenen Szenarien haben nun lange genug gedauert! Und was wäre, wenn wir dieses Mal einfach eine andere Luft atmen und akzeptieren würden, das loslassen, was uns unserer Ansicht nach gehört? Wenn wir aufhören würden, uns zu hypnotisieren und zu glauben, dass die Welt uns gehört? Die großen Konflikte werden aus unserer Angst heraus geboren, unsere Persönlichkeit zu verlieren, unser Hab und Gut, unsere Macht. Und wenn wir einfach beschließen würden, auf eine andere Ebene überzugehen? Jedes Mal, wenn es an irgendeinem Ort auf der Erde eine Seele gibt, die betet, die hilft, die *für* etwas handelt und nicht *gegen* etwas und liebt, durchdringt ein blaues Pünktchen die graue Aura, die die Erde umgibt und reinigt sie dabei. Dafür brauchen wir nichts zu lernen und auch keine Anstrengungen zu unternehmen. Es reicht schon aus, wenn wir das in uns aufblühen lassen, was schon immer da war: das Lichtwesen, das wir im Grunde sind.

Gedankenformen und Mikroorganismen

In meinem Buch *Alleanza* habe ich ein verblüffenes Experiment beschrieben, das im Aufpfropfen von schweren, destruktiven Gedankenformen auf einen Mikroorganimus besteht.

Das ist eine Episode, die ich in einer Ecke des Zeitgedächtnisses wiedergefunden habe, aber wenn es an die Oberfläche kommen wollte, dann liegt das daran, dass heute, nach zwölftausend Erdenjahren, jene Mikroorganismen immer noch da und höchst aktiv sind. Es handelt sich dabei um bestimmte Viren, aber auch um die Zecken.

Wenn auf einem physischen Körper eine Gedankenform dunkler Farbe auftaucht, ist diese mit den Chakren und den entsprechenden Organen über feinstoffliche Fäden verbunden, die auf einer bestimmten Ebene so fassbar sind wie die Röntgenstrahlen oder die Atomteilchen.

Es ist leicht verständlich, dass es anhand einer Technologie, die weiter fortgeschritten ist, als man uns glauben machen möchte, möglich ist, diese Gedankenformen abzutrennen und sie entsprechenden Mikroorganismen aufzupfropfen. Man muss schon ziemlich naiv sein, um zu glauben, dass die Wissenschaft von heute dazu nicht in der Lage sei. In bestimmten Laboren in Alaska gibt es Forscher, die keiner bekannten Regierung angehören und unter höchster Geheimhaltung Techniken ausarbeiten und erforschen, die jenen aus der Zeit von Atlantis in nichts nachstehen.

Die Wellenlängen, die formgebenden Wellen, die Impulse und die Manipulationen des Gedankens aus der Ferne sind für sie keine Geheimnisse mehr. Diese Forscher können heute ätherische Wesen auf Maschinen aufpfropfen, die genau wie zur Zeit von Atlantis zu halbmenschlichen Robotern werden. Das Reich der Technik und der Macht ist bereits hier auf der Erde wie ein großes Marionettentheater, in dem die unsicheren und beeinflussbaren Seelen tanzen gelassen werden. Doch diese Manipulatoren haben eines vergessen: Nichts kann der Liebe widerstehen. Ein Herz, das zu Liebe fähig ist, ist mächtiger als die ausgefeilteste Technik.

Während wir auf Wolken schweben und von dem neuesten elektronischen Gerät träumen, gibt es Wesen, die nicht still sitzen, sondern eifrig an dem arbeiten, was für sie von entscheidender Bedeutung ist: die Liebe zur Macht.

Sie wissen, wie sie die Egregore aktivieren können, und empfinden große Befriedigung, wenn es ihnen gelingt, sich unserer Angst vor dem Unbekannten zu bedienen, indem sie uns glauben machen, dass nur die Materie existiert. Es ist so einfach, die Unwissenden zu manipulieren. Das Menschenvolk verwendet seine Zeit und Energie darauf, sich gegenseitig zu widersprechen, sich zu bekämpfen, sich zu verurteilen, sich zu verleugnen und dem Fortschritt gegenüber feindlich eingestellt zu bleiben. Aber genau das nützt einer Regierung, die über die Existenz der feinstofflichen Welten und die Macht der Zahl Zwei, der Zahl der Zwietracht und der Trennung, Bescheid weiß.

Wenn ein Teil der Weltbevölkerung versucht, alles zu leugnen, was die Öffnung zu anderen Horizonten und eine umfassendere Freiheit des Bewusstseins ermöglichen würde, können wir darin den Stempel der Weltregierung erkennen. "Teile und herrsche" ist ihr Motto. Und wir aktzeptieren ganz naiv (wie immer), bei einem Spiel mitzumachen, dessen Regeln sie bestimmen.

Übung zur Erzeugung eines blauen Pünktchens

Heute habe ich beschlossen, den Tag mit einer Meditation zu beginnen. Ich atme dreimal tief durch und bleibe einen Moment lang ganz in der Stille versunken sitzen, ohne irgendwelche Erwartungen, ohne Wünsche und auch ohne irgendetwas empfinden zu wollen.

Ich beschließe einfach, mir diesen Tag zu gönnen und ihn dem Leben zum Dank zu schenken.

Jede meiner Gesten, jeder meiner Gedanken wird sich nicht um eine Kritik oder eine Erwartung drehen, sondern um das Bedanken bei anderen, bei mir selbst und beim Leben. Egal, was passiert, ich werde es annehmen, nicht passiv oder gezwungenermaßen oder aus Pflichtgefühl, sondern aus freiem Willen. Ich fühle mich als Herr über das, was geschieht, was ich für mich anziehe. Ich rebelliere nicht, weder gegen mich selbst noch gegen jemanden oder etwas anderes. Ich bin einfach nur.

Ich werde es so einrichten, dass zumindest drei meiner Handlungen und meiner Gedanken heute etwas mehr zum Licht beitragen werden und werde mir meiner konkreten Vorgehensweise beim Ausstrahlen meiner Energie bewusst.

KAPITEL XXIV

Aus der Sicht des Arztes
von Dr. Antoine Achram

Als Arzt habe ich lange Zeit versucht, meine Patienten von ihren chronischen Leiden oder ihren verschiedenen Formen von Krebs zu heilen, und habe dabei viel Enttäuschung hinsichtlich der Wirksamkeit des chemischen Arsenals erlebt, das uns zur Verfügung steht. Da ich es leid war, immer wieder dieselben Gesichter mit denselben offensichtlichen Krankheiten in meiner Praxis zu sehen, habe ich beschlossen, meine Forschungen auf andere Bereiche auszudehnen.

Damals bestand mein Ziel darin zu entdecken, wie ich meine Patienten heilen könnte, um nicht länger ihre Abhängigkeit von chemischen Produkten fördern und sie in ihrer Rolle als Betreute festhalten zu müssen.

Ich hatte große Ambitionen, konnte mir aber in keinster Weise ausmalen, was ich da entdecken würde. Ich dachte, meine Funktion bestünde darin, den Kranken mein Wissen und meine Kompetenzen zur Verfügung zu stellen, ohne mir auch nur im Geringsten vorstellen zu können, dass sie selbst eine aktive Rolle bei ihrer Heilung spielen könnten. Bis zu jenem Zeitpunkt hatten Krankheiten für mich eine äußere Ursache, die also außerhalb von den Personen selbst lag. Und das Adjektiv "psychosomatisch" wandte ich sozusagen als Zusatz im Zusammenhang mit einigen sehr physischen Beschwerden an, wie beispielsweise bei Magengeschwüren oder Ekzemen.

Zu jener Zeit, als ich noch voller Fragen war, entdeckte ich das Auralesen und Bücher, in denen die Rede von Spontanheilungen war und in denen auf die Bedeutung des Gedankens für unser Wohlbefinden oder unser Unwohlsein hingewiesen wurde.

Mit der Hilfe meiner Patienten versuchte ich, langsam immer mehr die persönlichen, familiären oder sozialen Schwierigkeiten mit einzubeziehen, die mit dem Typ der körperlichen Erkrankung, wegen der sie zu mir gekommen waren, in Verbindung stehen konnten.

Ich habe nicht sehr lange gebraucht, um zu bemerken, dass vor allem die Rückenschmerzen im Lendenwirbelbereich (z. B. Hexenschuss) einen gemeinsamen Nenner hatten: materielle und affektive Unsicherheit. Die Patienten mit Rückenschmerzen im Lendenbereich stellen einen großen Anteil der Klientel eines Hausarztes dar, und das erlaubte mir die Feststellung, dass bei all diesen Kranken die Aussichten im Leben und für die Zukunft alles andere als rosig waren.

Bei anderen Beschwerden, denen häufig Ereignisse vorausgingen, die sie ausgelöst zu haben schienen, konnte ich ähnliche Beobachtungen machen. Ich war verblüfft über die Beobachtung, dass die gleichen Ursachen wirklich dieselben Effekte hervorriefen. Ich konnte jetzt also nicht einfach dort Halt machen. Meine Nachforschungen brachten mich an dieser Stelle auf weitere Bücher, die von Kollegen wie Dr. Simonton, den wir anschließend getroffen haben, und von Dr. Hamer verfasst worden waren. Und was die Nichtmediziner betraf, so eröffnete sich mir da ein unendliches Feld.

Eines Tages, nach mehreren Wochen der Geduld und des Auralesen-Übens, schien es plötzlich so, als sehe ich eine rundliche, verschwommene Form neben einem Patienten. Für mich war das ein Schock, eine Erleuchtung, die nach und nach mein ganzes Leben als Arzt veränderte. Von da an begann ich, diese Formen immer häufiger zu sehen und manchmal auch den feinen Faden, der sie mit einem Organ verband. Ich kam also der Tatsache immer näher, dass der Gedanke die Ursache für die körperlichen Störungen ist, die uns behindern.

Ich bin weder ein Hellseher noch ein Medium, das auf feinstoffliche Energie spezialisiert wäre, aber ich musste mich angesichts des Offensichtlichen geschlagen geben, denn das Wenige, was ich sah, bestätigte sowohl meine Intuition als auch meine Auralesungen.

Die Krankheit konnte von nichts anderem herrühren als dieser Sache, die wir alle mit uns herumschleppen: einer Gedankenform.

Im Laufe der Jahre konnte ich meine Erkenntnisse auf diesem wirklich außerordentlichen Gebiet weiter vertiefen und verstehen lernen – oder zumindest als guter Beobachter versuchen zu sehen, was da vor sich ging. Dabei war ich mir immer des Ziels bewusst, zu besseren Lebensbedingungen der Menschen beizutragen, ganz egal wie ihre Geschichte und ihre Krankheit aussieht.

Die Physiologie einer Gedankenform

Wenn wir uns einmal die Veröffentlichungen über die Beziehung zwischen Gedanken, Emotionen und Krankheiten ansehen, stoßen wir auf Psychologie-Artikel, die voller Beschreibungen sind, aber die nur in den seltensten Fällen von einem physiologischen Mechanismus berichten, der diese Beziehung erklären könnte.

Und die medizinische Welt hat sogar schon sehr lange gebraucht, bis sie überhaupt die Rolle von Stress und Emotionen bei der Krankheitsentstehung anerkannt hat. Wahrscheinlich lag das an ihrem fast dogmatischen Glauben an die ausschließliche materielle Existenz der Krankheit, die ihrer Ansicht nach von einem fremden Element von außen erzeugt wird und nur durch einen physischen Eingriff geheilt werden kann.

Aus diesem Grund gelingt es der Medizin nicht, die Spontanheilungen bei Kranken mit Krankheiten, die als unheilbar angesehen werden, zu erklären und zu verstehen. In unserem Umfeld ist dann in diesem Fall häufig von einer "Fehldiagnose" oder gar von einem "Wunder" die Rede, mit allem, was unterschwellig damit verbunden ist.

Dieser Medizin, die nur den körperlichen Aspekt in Betracht zieht, fehlt ein Element, um den großen Sprung in Richtung ganzheitliche Heilung machen zu können, die auf allen Ebenen des Wesens stattfindet: das Zugeben, dass Gedankenformen die Ursachen unserer Krankheiten sind.

Nicht alle starken Raucher haben Lungenkrebs, nicht alle Bewohner von Tschernobyl haben einen Schilddrüsenkrebs entwickelt. Und wer eine bestätigte Krankheit hatte, hatte der vielleicht eine beginnende Gedankenform in Beziehung mit der Lunge (im Falle des Rauchers) oder mit der Schilddrüse (im Falle der Person, die radioaktiver Strahlung ausgesetzt war)?

Um eine Krankheit zu verstehen, müssen wir uns ansehen, was bei dem größten Teil der Personen verhindert, dass sie diese Krankheit bekommen: unsere natürlichen Abwehrkräfte.

Noch vor gar nicht so langer Zeit betrachteten wir Schulmediziner Gedanken und Emotionen als Elemente, die absolut nichts mit den hormonellen und immunologischen chemischen Reaktionen im menschlichen Körper zu tun haben. Außerdem dachten wir auch, dass das Immunsystem unabhängig von den anderen Systemen des Organismus arbeite.

Heute haben viele Forschungsergebnisse dazu geführt, dass sich uns ein ganz anderes Bild bietet.

Die Forschungen im Bereich der Chemie des Gehirns haben zur Entdeckung einer großen Anzahl von Hormonen und Proteinen im Gehirn geführt, die als Reaktion auf unsere Emotionen und Gedanken gebildet werden und spezifische Auswirkungen auf mehr als hundert Körperzonen haben.

Wie wirkt sich die Gedankenform auf die Krankheit aus?

Jedes Ereignis, von der Empfängnis bis zum Tod, wird mit unseren fünf Sinnen wahrgenommen, und die dabei gewonnenen Informationen werden gesammelt und an unser limbisches System weitergeleitet, das durch Faserbündel mit den anderen Hirnregionen verbunden ist.

Wenn es sich um eine unbekannte Information handelt, die ganz neu ist, wird sie hingegen an den Neocortex weitergeleitet, um dort von den beiden Gehirnhälften (der rechten und der linken) analysiert zu werden. Dort wird sie mit anderen, bekannten Ereignissen verglichen, um herauszufinden, ob es sich um etwas Günstiges oder Ungünstiges, um etwas Angenehmes oder Unangenehmes handelt.

Das Ergebnis der Analyse, ob es sich also um etwas Günstiges oder Ungünstiges handelt, wird anschließend an unser emotionales Gedächtnis im limbischen System weitergeleitet, das im Falle des Urteils "ungünstig" einen Überlebensmechanismus der Flucht oder des Angriffs in Gang setzt.

Die Aktion wird vom Hypothalamus koordiniert, dem Hauptverbindungsweg, über den das limbische System den Körper beeinflusst. Der Hypothalamus besteht aus zwei Teilen: einem, der hauptsächlich auf die emotionalen Stimuli reagiert und an der Regulation des Immunsystems beteiligt ist, und einem anderen, der die Regulation der Hypophysenaktivität kontrolliert, die ihrerseits wiederum das gesamte endokrine System reguliert.

Bei jeder emotionalen Erfahrung, die wir von unserer Empfängnis bis heute machen, wird auf der Ebene des limbischen Systems eine bestimmte Schlussfolgerung abgespeichert, die uns häufig auf unangemessene Weise reagieren lässt, weil sie für den gegenwärtigen Moment ungeeignet ist.

Häufig führe ich in diesem Zusammenhang das Beispiel des Babys an, dass auf der Entbindungsstation in der ersten Nacht von seiner Mutter getrennt wird, damit sich die Mutter erholen kann oder weil ein Gesundheitsproblem aufgetaucht ist, welches eine besondere Beobachtung erfordert. Diese Trennung ist für das Neugeborene traumatisierend und wird sich auf sein Leben als Kind und Erwachsener auswirken. Die Schlussfolgerung dieser Trennung könnte sein: Trennung = Leiden.

Wenn die Eltern dieses Kind nach drei Monaten in die Kinderkrippe geben, weil die Mutter wieder zu arbeiten anfängt, wird die schmerzliche emotionale Erinnerung geweckt, die im limbischen System abgespeichert wurde, und entfesselt auf der Ebene des Hypothalamus eine Unterdrückung der Immunreaktionen, die zu einer weiteren immunologischen und physiologischen Schwächung des in diesem Alter sowieso noch nicht sehr starken Systems führt. Der Kleine wird daraufhin jedes Mal, wenn er wieder in die Krippe zurück muss, eine Entzündung des Nasen-Rachenraums, eine Mittelohrentzündung oder eine Bronchitis bekommen. Er wird jedes Mal weinen, wenn ihn jemand aus den Armen des Vaters oder der Mutter nehmen will. Die Schule wird eine Leidenserfahrung sein, und im Erwachsenenalter kann er unter affektiver Abhängigkeit leiden.

Jede unserer unangemesenen Reaktionen entspricht also unverstandenen Emotionen, die wir als solche in unserem emotionalen Gedächtnis abgespeichert haben. Sie sind es, die bei jeder Aktivierung die ungelösten Gedankenformen speisen, die wir mit uns herumschleppen.

Aber was verhindert, dass sich eine Krankheit manifestiert?

Es ist nachgewiesen, dass wir alle in einem bestimmten Moment unseres Lebens krebserregende Zellen produzieren, doch glücklicherweise haben wir nicht alle Krebs, weil unser Immunsystem vor Ort ist und dafür sorgt, dass diese abnormen oder entarteten Zellen zerstört werden. Bisweilen ist das Immunsystem geschwächt oder in seiner Funktion reduziert, und dann kann die Krankheit die Oberhand gewinnen.

Was wirkt nun aber schwächend oder stärkend auf unser Immunsystem ein? Das sind unsere Gedankenformen und die Emotionen, die dadurch entfesselt werden.

Um die Ursache für schwere Krankheiten wie Krebs sein zu können, müssen die Gedankenformen bestimmte Eigenschaften haben. Sie müssen:

- gut strukturiert bzw. solide sein, genährt von einem unerschütterlichen Glauben an ihre tatsächliche Wahrheit. Beispiele solch starker Überzeugungen sind: "Ich verdiene es nicht, dass man sich mit mir abgibt" oder "Ich bin unfähig, irgendein Projekt, das ich in Angriff nehme, zu Ende zu führen."
- ständig wiederholt werden, beispielsweise wenn die Schlussfolgerung des limbischen Systems bei jeder Trennung das Kind vom Beispiel weiter oben daran erinnert, dass Trennung = Leiden ist.
- von einem Gefühl der Verzweiflung oder Entmutigung begleitet sein.

Wie wir weiter oben gesehen haben, löst das limbische System zur Lösung des Problems einen Überlebensmechanismus in Form von Flucht oder einer anderen Reaktion aus. Wenn jedoch die Stress-Situation bedrückend ist und sich außerdem ständig wiederholt, wenn wir einerseits weiterhin auf dieselbe Weise reagieren, um den Schein zu wahren (z. B. wenn wir eine Arbeit weiter machen, die uns nicht gefällt), und uns andererseits unfähig fühlen, das Problem zu lösen, geben wir häufig auf. Diese Art und Weise, im Widerspruch zu unseren Gefühlen und unseren Überzeugungen zu handeln, hat häufig zur Folge, dass sich unser Immunsystem abschwächt und damit günstige Voraussetzungen für das Auftreten von krebserregenden Zellentartungen geschaffen werden (siehe auch das Schema am Ende dieses Kapitels).

Das ist auch der Grund, warum Menschen mit Geistesschwäche oder Geisteskranke nie Krebs haben: Sie haben keine gut strukturierten Gedankenformen und haben ihr Leiden dadurch gelöst, dass sie in eine andere Denkweise geflüchtet sind.

Glücklicherweise ist das System reversibel, kann also umgekehrt werden und zur vollständigen Heilung führen:

- indem wir uns in jedem Moment davon überzeugen, dass der Krankheitsprozess eine Rückentwicklung erleben kann und dass das in der Macht von jedem von uns steht;
- indem wir dem Patienten helfen, fest an die Macht seiner positiven Gedanken zu glauben, die an die Stelle der schädlichen Gedankenformen treten können;
- indem wir dem Patienten dazu verhelfen, seine natürlichen Abwehrkräfte durch die Veränderung seiner Selbstwahrnehmung und der Wahrnehmung seiner Probleme zu stärken, um die Transmutation von Krankheit in Gesundheit bewirken zu können;
- weil diese hoffnungsvollen Wahrnehmungen, die zukünftige Projekte in Aussicht stellen, vom limbischen System registriert und dann an den Hypothalamus weitergeleitet werden.

Auf diese Weise wird der Befehl an das Immunsystem ausgegeben, sich gegen die abnormen Zellen zu mobilisieren. Die Drüsen werden dadurch aktiviert, das hormonelle Gleichgewicht wiederherzustellen, und das wiederum blockiert die Produktion weiterer abnormer Zellen.

Die bereits vorhandenen abnormen Zellen werden auf natürliche Weise zerstört, sei es über die Abwehrkräfte des Körpers oder mit Hilfe einer Behandlung, deren Hauptakzent auf folgenden Punkten liegt:

- lernen, uns Zeit für uns zu nehmen, um Dinge zu tun, die uns gefallen, und aufhören, Dinge zu tun, die uns nicht gefallen;
- die anderen so akzeptieren, wie sie sind, ohne sie zu verurteilen oder zu kritisieren;
- unsere Gefühle, Sorgen und Emotionen ausdrücken;
- vergeben;
- uns körperlich bewegen, ohne uns zu überanstrengen, aber immer ein kleines bisschen mehr;
- die Zügel unseres Lebens wieder in die Hand nehmen und aufhören zu glauben, das Opfer von anderen oder einer ganz

bestimmten Person zu sein. Das ist ein umfassendes Programm, das ein ganzes Leben dauern kann.

Ich wollte dieses Kapitel, das vielleicht ein bisschen technisch wirkt, unbedingt schreiben, weil ich an die Perfektion des menschlichen Wesens glaube. Das Gehirn ist ein Sender, der in der Lage ist, auf rein physischer Ebene die Gedanken zu verwirklichen, die wir ihm liefern. Wenn diese Gedanken und Gedankenformen lebensfeindlich sind, konkretisieren sie sich in Form einer Krankheit in unserem Körper und bringen uns schließlich den

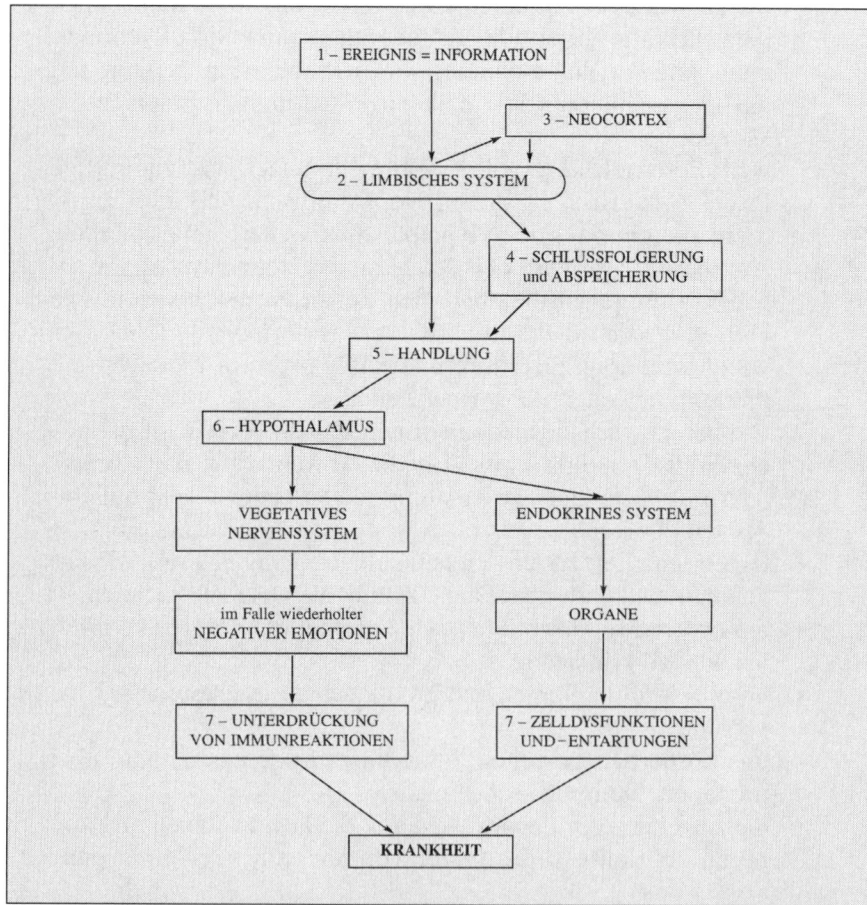

Tod. Wenn diese Gedanken aber lebensbejahend sind und vom Leben selbst gespeist werden, können sie uns zur ewigen Jugend und einem endlosen Leben führen.

Der Entwicklungsweg vom Ereignis zur Krankheit

Jedes Ereignis (1), das wir erleben, stellt eine Information dar, die von unserem limbischen System (2) aufgefangen wird. Das limbische System hat die Aufgabe, den Übergang zwischen dem Neocortex (3) und dem Hypothalamus (4) zu garantieren.

Die Information wird an den Neocortex weitergeleitet, um dort analysiert oder mit einer bereits abgespeicherten Gedankenform in Resonanz gebracht zu werden.

Daraus ergibt sich eine Schlussfolgerung (4), die das limbische System dazu bringt, sich für eine Handlung (5) zu entscheiden und den Körper auf diese zu ergreifende Handlung vorzubereiten. Wenn die Schlussfolgerung als angenehm abgespeichert (5) ist, dann ist diese Erfahrung "wiederholenswert". Ist die Schlussfolgerung hingegen "unangenehm", so handelt es sich um eine Erfahrung, die es "zu vermeiden" gilt. Dann wird angesichts dieser ähnlichen Situation die Handlung erneut wiederholt, die beim ersten Mal ausgelöst wurde. Beispiel: Ein Baby, das zunächst gestillt wird und dann, sobald es in die Kinderkrippe kommt, Fläschen mit Kuhmilch statt mit Muttermilch bekommt, wird abspeichern: Milchfläschen = Trennung von der Mutter. Es wird die Milch ablehnen oder sogar eine Unverträglichkeit oder eine Allergie gegen Kuhmilch entwickeln. Ist diese Schlussfolgerung erst einmal abgespeichert, wird sie immer gleichermaßen schmerzliche Emotionen auslösen wie beim ersten Ereignis, auch wenn sie in den neuen Situationen unangemessen sind. Das ist eine der Hauptcharakteristika der Gedankenformen.

Der Hypothalamus (6) führt die vom limbischen System beschlossene oder abgespeicherte Handlung aus und bedient sich dazu des endokrinen Systems und des vegetativen Nervensystems. Im Falle von wiederholten negativen Emotionen wird die sich daraus ergebende Immunsuppression, d. h. die Unterdrückung der Immunreaktionen, kleinere Beschwerden oder auch schwerere Krankheiten zur Folge haben (7).

Zusammenfassung

Im Leben trennen wir uns oft von den anderen und von der Erde. Ohne es zu wissen oder zu wollen, arbeiten wir aufs Engste mit allem zusammen, was vom Prinzip der Trennung herrührt. Heute, genau ab diesem Moment, können wir "Ja" sagen zum Leben, um uns von unseren Ketten zu befreien und uns unseren Weg zu erleichtern und dabei gleichzeitig die Luft der Erde zu reinigen, die uns ihren eigenen Körper und ihre eigene Seele täglich zum Geschenk anbietet.

Jetzt, da wir wissen, welch großen Beitrag unsere Gedankenformen zu allem leisten, was sich ereignet, müssen wir aufhören in Begriffen von "Opfer und Täter" zu denken. Genauso wie wir unseren physischen Körper waschen, können wir uns jetzt reinwaschen von den Gedankenformen, die in unserer Aura festsitzen.

In diesem ersten Band habe ich bereits einige einfache, praktische Übungen vorgestellt, die Sie alle ohne größere Schwierigkeiten umsetzen können. In der Folge werde ich noch weitere Übungen vorstellen, doch das Ziel besteht hier nicht in den Übungen an sich. Wir könnten auch dem Anschein nach nichts tun und trotzdem unsere Gedankenformen wegwaschen.

Wichtig ist hier nur, dass es mindestens eine Übung gibt, die etwas in uns auslöst.

Ich habe häufig Personen gesehen und gehört, die mir erzählten, sie hätten jahrelang Vergebung und Mitgefühl praktiziert. Doch trotzdem waren sie noch voller Wut und Rachegefühle, Emotionen, die tief in ihnen verankert waren. Da sie sich dessen bewusst waren, fragten sie, was sie dagegen tun könnten ... Und es ist genau an diesem Punkt, wo das "Tun" an seine Grenzen stößt.

Alles kann unmittelbar im selben Moment passieren – oder Jahre oder gar ganze Leben brauchen. Und das hängt nicht vom guten Willen des Übenden ab, sondern davon, ob wir wirklich in der Lage sind "loszulassen". Dieses Loslassen, das sich unversehens in uns manifestiert und dann keinen Platz mehr lässt für Gedanken wie "was würde passieren, wenn..." oder "das ist passiert, weil....".

"Im Augenblick leben" ist nicht einfach eine Redensart, aber auch kein philosophischer Gedanke, sondern einfach eine fassbare und konkrete Realität, die unseren ständig aktiven Verstand erschreckt, der Herr und Meister all unserer Widerstände ist.

Von dieser Fähigkeit, im Augenblick zu leben, hängt der Großteil unserer Heilung ab. Es handelt sich dabei nicht um eine Gabe, sondern einfach um ein Geschenk, das wir uns selbst machen.

Lieben wir uns dafür genug? Das ist die einzige Frage, die wir uns heute, genau in diesem Moment und bevor wir das Buch zuklappen, alle zusammen ohne Ausnahme stellen können.

Zum Abschluss dieses Buches möchten wir Ihnen noch eine Meditation des Dankes an das Leben und die Erde vorstellen, die es uns beiden erlaubt hat, die dichte Materie zu erleben.

Beten und meditieren bedeutet nicht nur zu bitten, sondern auch, uns zu bedanken. Ob sich dieser Dank an unser höheres Wesen, an unser Bewusstsein, an die Erde oder an das Leben wendet, ist nicht von Bedeutung, da all diese Energien nur verschiedene Facetten dessen sind, was wir wirklich sind: Lebens- und Freudenfunken, die sich inkarnieren, um auseinanderzufliegen und sich dann in einem Lichtbündel wieder zu vereinigen.

Nichts ist vom anderen getrennt. Keiner ist im Leben ein Verlierer oder ein Gewinner. Das hätte keinen Sinn, denn das Leben ist eins. Wir sind alles, und darin haben "gut" und "böse", "gerecht" und "ungerecht" keinerlei Existenzberechtigung, außer der, die wir selbst ihnen zugestehen.

Es liegt an uns, dem Leben die Farben zu verleihen, die uns gefallen, diejenigen, von denen wir möchten, dass sie überall um uns herum leuchten.

Meditation für die Erde

"In eurem Leben gibt es keine anderen Wolken als diejenigen, die ihr selbst über eurem Kopf kondensieren lasst." (Anne und Daniel Meurois-Givaudan, *Wesak, Christus und Buddha*).

Die folgende Meditation wurde uns von den Wesen aus Shambhala übermittelt, weil sie, regelmäßig praktiziert, einen äußerst wirksamen Heilbalsam für unseren Planeten darstellt.

"Brüder und Schwestern, wir vertrauen die Erde den Händen der Menschheit an, aber ihr müsst verstehen, was das bedeutet. Die Rasse der Menschen ruft alle, die sich selbst nicht kennen, auf, sich mit ihr auf den Weg zu machen.

Durch meine Stimme möchte euch das Land Shambhala jetzt wieder eine Heilmethode ins Gedächtnis rufen, die früher bei dem Sonnenvolk weit verbreitet war. Es ist keine Technik, sondern ein Mittel zur Eröffnung des neuen Zeitalters des Geschenks. Wir nennen sie die Übertragung der Pusteblume, deren Samen auf diese Weise wieder von einem Herzen zum anderen weitergegeben wird.

Die Meditation geht folgendermaßen: Wenn ein Mann und eine Frau eine offene Seele für die Metamorphose ihrer Gattung haben, setzen sie sich barfuß auf den Boden. Beide horchen auf die Stille in sich und spüren, wie das Licht von Shangrila sie umgibt. Danach projizieren sie auf den Bildschirm ihres Bewusstseins die flaumige Kugel der Pusteblume, die bereit ist, ihre Samen im Wind zu verstreuen. Sie visualisieren die unzähligen Samen in ihrer ganzen Vollkommenheit und statten jeden von ihnen mit den Eigenschaften aus, nach denen es die Erde so sehr dürstet. So verbreiten sie den Samen der Toleranz, der bedingungslosen Liebe, des Friedens und aller Schätze, die ein Herz enthalten und hervorbringen kann.

Wenn die flaumige Kugel der Pusteblume schließlich voll der vielen Botschaften ist, blasen der Mann und die Frau mit demselben Atemzug diese gesternten Kleinode in die Welt hinaus, wo sie sich über die Himmel und die Hunderte von Straßen der Erde verstreuen und ihre Essenz vergießen werden. Zweifelt nicht mehr daran, Brüder und Schwestern, dass dieses Gedankenwerk tatsächlich vollbracht werden kann. Der Wille der Liebe bewegt sich schneller, als ich euch beschreiben kann, und nimmt in den feinstofflichen Welten einen fassbaren Körper an, der sich dann wie ein Regen über die Materie der Menschen ergießt."

(Anne und Daniel Meurois-Givaudan, *Essere & Agire*, Die Meditation der Pusteblume)

Wir möchten noch einmal daran erinnern, dass wir keine Therapeuten akkreditieren, die wir nicht selbst im Rahmen unserer Kurse über das Auralesen und die Therapien der Essener ausgebildet haben.

Unsere Webseite ist: www. sois.fr.

Anne und Antoine

Edizioni AMRITA

"Amrita-Seminare"

Im Zusammenhang mit den Buchreihen, die von den beiden Verlagen gemeinsam veröffentlicht werden, werden Autoren mit hervorragendem internationalem Ruf zu Vorträgen und Seminaren eingeladen.

Wir würden uns freuen, Sie über die entsprechenden Seminare und Konferenzen dieser Autoren in den deutschsprachigen Ländern auf dem Laufenden halten zu dürfen. Schicken Sie uns einfach eine E-Mail an folgende Adresse:

info@amrita-edizioni.com

Anne Givaudan & Dr. med. Antoine Achram

Auralesen und alte Therapien der Essener

Von der Autorin des Bestsellers »Essener Erinnerungen«

Zehn Jahre nach Veröffentlichung des Buches "Die neun Schritte ins Leben" beschreibt uns die Autorin hier eine Vielzahl von Behandlungsmethoden, die weder in jenem Buch noch in ihrem Bestseller "Essener Erinnerungen: Die spirituellen Lehren Jesu" enthalten sind, mit dem Anne und Daniel Meurois-Givaudan beim deutschsprachigen Publikum bekannt wurden.

Es handelt sich dabei um dieselben Methoden, die von den Essenern vor zweitausend Jahren gelehrt wurden und heute in diesem umfassenden Buch in allen Einzelheiten wieder aufleben.

In diesem Werk werden wir eingewiesen in die Technik des Abtastens der ätherischen Aura, die Verwendung von ätherischen Ölen sowie den Einsatz der "Balsamstimme" und viele andere therapeutisch wertvolle Methoden, die uns hier zusammen mit vielen praktischen Übungen aufgezeigt werden, mit denen wir lernen können, uns der Techniken der Essener zu bedienen.

"Die Lichtwesen wollen heute, dass diese Lehren einem möglichst großen Kreis von Menschen zugänglich gemacht werden, und dieses Buch ist die konkrete Umsetzung ihres Wunsches."

238 Seiten, broschiert · € [D] 13,90 · ISBN 978-3-89845-194-9

Claudia Rainville

Metamedizin

Jedes Symptom ist eine Botschaft

Claudia Rainville, Autorin, Psychotherapeutin und Konferenzleiterin, ist die Gründerin des Ansatzes der Metamedizin©. Nach zehnjähriger Arbeit in der medizinischen Mikrobiologie ist sie auf ihrem Weg der Erforschung von Gesundheit und Wohlbefinden mit mehreren östlichen wie westlichen Denkrichtungen in Kontakt gekommen. Dieses Buch ist das Ergebnis ihrer 19-jährigen Forschungsarbeit auf diesem Gebiet, die durch Tausende von Krankengeschichten und Fallbeispielen von Menschen, die bei ihr Hilfe suchten, untermauert ist. Wenn Sie sich nach dem Grund für Ihre Kopfschmerzen, Migräne, Rückenschmerzen, Multiple Sklerose, Ihren Krebs und viele andere Krankheiten fragen, gibt Ihnen dieses Buch die Antwort darauf sowie den Schlüssel an die Hand, um einen echten Heilungsprozess einzuleiten.

Es gibt Bücher, von denen man sich nicht trennen kann, weil sie wichtige Hilfsmittel in unserem Leben darstellen. Dieses Buch ist eines davon!

498 Seiten, broschiert · € [D] 24,90 · ISBN 978-3-89845-196-3

Giorgio Mambretti & Jean Séraphin

Die Medizin auf den Kopf gestellt

Und wenn Hamer doch Recht hätte?

Dr. Hamer ist eine umstrittene Persönlichkeit: von Kranken bejubelt und von der Ärztekammer bekämpft, in einigen Ländern mit dem Ehrendoktorat der Medizin ausgezeichnet, in anderen gerichtlich verfolgt. Darüber hinaus berichten die Tageszeitungen halb Europas in regelmäßigen Abständen über Ereignisse im Zusammenhang mit seiner Person.

Die Beispiele seiner Heilerfolge bei Degenerationskrankheiten sind beeindruckend und drohen sogar, das gesamte Gedankengebäude der offiziellen Schulmedizin zum Einsturz zu bringen. Bei vielen machen sich Zweifel breit, ob er nicht vielleicht deshalb so stark bekämpft wird, weil er die Interessen der großen Pharmakonzerne verletzt.

Wie kann es sein, dass eine schwere Krankheit wie Krebs nichts anderes sein soll, als der Versuch des Gehirns, ein erlittenes Trauma zu "reparieren" (und damit zu heilen)? Reicht es aus, das Trauma oder Schockerlebnis aufzudecken und "aufzulösen", damit das Gehirn seine "Reparaturaktion" einstellt und damit die Vermehrung der Krebszellen stoppt? Und wie können wir schnell herausfinden, um welches Trauma es sich handelt?

Die beiden Autoren, die sich seit Jahren eingehend mit der Methode Hamers beschäftigen, liefern uns in diesem ausgezeichneten Buch die Erklärungen und Antworten auf all diese Fragen. Das Buch wurde bewusst für das breite Publikum angelegt und mit humorvollen Abbildungen illustriert.

138 Seiten, broschiert · € [D] 13,00 · ISBN 978-3-89845-195-6

Daniel Meurois-Givaudan

Karmische Krankheiten

erkennen · verstehen · überwinden

Wer hat noch nie etwas über hartnäckiges Asthma gehört, Hautkrankheiten, die einfach nicht weggehen wollen, seltsame Beschwerden, die von einem Organ zum nächsten wandern oder unerklärliche Ängste?

Anhand einer großen Anzahl von Fallbeispielen zeigt uns der Autor auf, was die Ursachen von bestimmten Krankheiten sein können, denen die Schulmedizin häufig machtlos und auf verlorenem Posten gegenübersteht.

Er zeigt uns auf, welche Rolle dabei Erinnerungen aus früheren Leben spielen können und hilft uns, uns besser kennenzulernen und in bisher wenig erforschte Bereiche von uns selbst vorzudringen. Das Erkennen des karmischen Ursprungs einer Krankheit wird damit zum Ausgangspunkt für eine wahre innere Entwicklung, die in der Lage ist, uns an Leib und Seele zu heilen.

144 Seiten, broschiert · € [D] 12,90 · ISBN 978-3-89845-193-2

Lama Jigmela Rinpoche

Der tibetische Buddhismus

Schlüsselwörter von A bis Z

Wollten Sie schon immer wissen, was eigentlich Buddhismus bedeutet? Ist der Buddhismus eine Religion oder eine Philosophie? Wer sind die Bodhisattvas, Lamas und Tulkus? Was ist ein Mantra? Was versteht man wirklich unter Karma?

Ganz behutsam öffnet der tibetische Lama Jigmela Rinpoche in diesem Buch eine Tür zu einem besseren Verstehen seiner Religion, indem er deren Schlüsselwörter erklärt, die im Westen oft nicht richtig erläutert oder falsch verstanden werden.

Lama Jigmela Rinpoche legt hier dem westlichen Leser ein Buch vor, das einen wunderbaren Einstieg in den Buddhismus darstellt.

248 Seiten, broschiert · € [D] 6,95 · ISBN 978-3-89845-229-8

Roy Martina

Tiefseelentauchen

Emotionales Gleichgewicht finden

Roy Martina ist holistischer Arzt, Autor, Ω(Omega)-NEI-Health-Coaching-Gründer, präventiver Health Coach und Trainer. Er betreut Menschen so, dass sie das Maximum auf gesunde Weise aus sich selbst herausholen.

In dem Folgeband zu seinem Bestseller »Emotionale Balance« überrascht Roy Martina seine Leser aufs Neue, indem er auf heitere und eingängige Weise Einblick in die Reise unserer Seele bietet.

Dieses vollständige Konzept umfasst Themen wie: "Die Programmierung unseres Verstandes", "Die Heilung der Seele: von der Verletzlichkeit zur inneren Kraft" und "Im Hier und Jetzt ist alles perfekt ..."

»Tiefseelentauchen« – das ist Transformation von Emotionen in Kraft. Von Verletzlichkeit in Heilung. Von Unsicherheit in Selbstvertrauen. Von unangenehmen Gefühlen in Wohlbefinden in jeder Situation. Von Stress in Vertrauen – wollen wir das nicht alle?

Dieses praktische Übungsbuch ist ein Muss für jedermann, der es wagt, tatsächlich in seine Seele einzutauchen und wirklich an sich zu arbeiten!

456 Seiten, broschiert, mit Illustrationen · € [D] 18,90 · ISBN 978-3-89845-215-1

Weiterführende Informationen zu
Büchern, Autoren und den Aktivitäten
des Silberschnur Verlages erhalten Sie unter:
www.silberschnur.de

Sie können uns alternativ
die beiliegende *Postkarte* zusenden.
Ihr Interesse wird belohnt!

Interessante Diskussionen zu
den Themen des Silberschnur Verlages
finden Sie unter:
www.forum-spiritualitaet.de

*Tauschen Sie sich mit anderen Lesern
aus über Inhalte und Themen,
die Sie wirklich interessieren!*

Hier geht die Silberschnur-Welt weiter!